日々をたのしむ器と料理

ぶち猫
buchi
neko

扶桑社

日々をたのしむ器と料理

ぶち猫
buchi neko

扶桑社

はじめに

この本は、ESSEオンラインにて連載していた「暮らしのなかでの器と料理」をテーマにした記事群に、器に合わせたレシピなどを書き下ろして一冊にしたものです。

毎日忙しいけれど、家でもおいしいものを楽しく食べたいと思っている人たちに向けて、同じような暮らしをしている著者が、日々工夫している器使いのコツや、器に合う簡単でおいしいレシピなどをまとめてみました。

器というと、「いわゆる作家ものはすてきだけれど、食洗機が使えないことが多いし、収納場所も確保できないので、なかなか手が出ない」という話をよく聞きます。私もまったく同感です。

それでも集めてしまうのは、器を集めて使うことに手間暇を超えた喜びがあるからです。ひとつひとつ手をかけてつくられた美しい器を、毎日の暮らしで思いのままに自由に使うというぜいたく。器は、眺めるだけでもいいものですが、毎日の暮らしで使うことで、その美しさとすばらしさがより深く実感できます。

この本を通じて、毎日の暮らしで美しい器を気軽に使うことの楽しさを、少しでも感じていただけたらなによりもうれしく思います。

ぶち猫

本書に掲載されているレシピについて

・「大さじ1」は15mℓ、「小さじ1」は5mℓ、「1合」は１８０mℓです。
・とくに火加減を書いていない場合は、「中火」で加熱してください。中火とは、コンロの炎の先端が鍋の底に当たるくらいの火加減です。
・「だし」とは、カツオだしのことです。水４００mℓを沸騰するまで加熱し、だし用のカツオ節８gを入れて火を止めて、10分ほどおいたあとにこしたものですが、忙しいときは、だしの素や市販のだしで代用して問題ありません。
・とくに記載がない場合、フライパンはフッ素樹脂加工のものを使用しています。
・同じ分量でも使っている調味料により異なる味つけになります。最後に味見をして、酸味が強すぎる場合は砂糖かみりんを、塩気が強すぎるときは水か酒を、ものたりないときは塩かしょうゆを少しずつたしてください。
・電子レンジで加熱する際は、付属の説明書に従い、耐熱容器を使用してください

contents

基本の白い皿

まず買うべきは、
七寸の白い和皿。
洋皿よりも使い勝手が
いい理由を解説します。

最初に買うお皿としておすすめなのが、七寸（約20cm）の白い和皿です。色が白なのは、盛りつける料理、組み合わせる器やテーブルの色を選ばないので、難しく考えなくても幅広く活用できるから。

表面の質感は写真のようにつるつるしたもの（一般に「磁器」と呼ばれています）に限らず、ざらざらした素朴な質感のもの（こちらは「陶器」と呼ばれます）でも問題ありません。

ベーシックなお皿というと、真っ白い洋皿を選んでしまう人が多いのですが、じつはこの白い洋皿は、日本の家庭ではあまり使い勝手がよくありません。というのも、洋皿に典型的な和食を盛りつけるのは難しいのですが、その逆は意外と簡単だからです。

刺身を盛りつけた写真で比較してみる

実例を見てみましょう。スーパーでパック売りしていたお刺身を洋皿に盛りつけてみました。上は少し深さのあるお皿、下は平皿です。色が白なのでパッと見た感じは成立するような気もしますが、どちらも「ホテルの朝食バイキングで、ほかに選択肢がなかったので仕方なく洋皿に和のお総菜を盛りつけた」ときのような違和感が拭えません。

雑誌などで、本格的な和食を洋食器に美しく盛りつけている事例も見かけますが、あのような盛りつけをするにはテーブル全体のバランスも含めて高度なテクニックが必要なので、器のアレンジに詳しくないうちにマネをするのはおすすめしにくいのです。

白い和皿にお刺身を盛りつけると、どうでしょうか。当然ですが、和皿に和食を合わせているのでしっくりきていますね。
つまり、和のお総菜には素直に和食器を合わせるのが、いちばん簡単で間違いがないのです。

和皿に洋食を盛りつけてもOK

その逆、和皿に洋食を盛りつけても問題ないのか、こちらも実際にやってみましょう。上で紹介した白い和皿に、ベーコンと菜の花のパスタを盛りつけてみました。洋皿にお刺身を盛りつけたときのような違和感はなく、カジュアルなカフェのランチのような雰囲気になったのではないでしょうか。「パスタのような洋食には、洋皿を合わせなくては」と思いがちな方が多いのですが、じつは和皿にパスタを盛りつけることは難しくありません。

パスタ以外の洋食、さらには中華やエスニック料理も同じです。それぞれの料理にぴったり合う専用の器を用意できれば、それに越したことはありませんが、たまにしかつくらない料理のために使用頻度の低い器を買って収納しておくことは、効率的とはいえません。
そんなときシンプルな白い和皿があれば、どんなテイストの料理もそれなりにいい雰囲気で盛りつけることができます。

なお、今回ご紹介したような縁（「リム」と呼びます）が少し立ち上がっているタイプの皿であれば、少々汁気のある料理にも対応できて、さらに応用範囲が広がります。
そのような意味で、白い和皿はつくる料理の種類を問わずに使え、もっていればいろいろな場面で使い回しの利く便利な一枚といえます。

ほかの器とのバランスがとりやすい

七寸の皿は、分類としては中皿になります。このサイズがいいのは、大きすぎないところ。大きい皿は重くて収納もかさばるため、それだけで日常使いしにくくなります。その点、七寸は取り回しやすいサイズ感で、素材にもよりますが比較的軽くて扱いやすい。

それ以上に七寸の皿には、盛りつけがしやすいという大きな利点があります。すなわち、大きめの皿に少なめのおかずを盛りつけようとすると、どこになにを盛るかをあらかじめ考えて配置する必要があるのです。

レストランでは、余白を生かす演出のために、あらかじめどこになにをどのくらい盛りつけるか決めておくものですが、毎回つくるものが違う家のご飯で、調理中にそこまで考えるのはと

ても大変。
一方で七寸の皿は小さめなので、あまり深く考えなくても1人分のおかずを盛りつけると余白が埋まり、料理の配置のバランスにさほど気を使う必要はありません。
また、食卓の全体の配置を考えるときにも、ひとつの器が大きすぎないことで、ほかの器とのバランスがとりやすくなるという利点もあります。
そのような理由で、私がおすすめする初めの一枚は「七寸の白い和皿」なのです。

おかひじきと牛肉のペペロンチーノ

パスタに絡みやすいよう、材料を細切りに。おかひじきがない場合には、ほかの青菜を細長く切ったもので代用してもOK

材料（2人分）

- スパゲッティ　180g
- 牛肉　50g
- おかひじき　50g
- ニンジン　1/4本
- ニンニク　ひとかけ
- 赤唐辛子　2本
- オリーブオイル　大さじ1
- 塩　小さじ1/2
- しょうゆ　少々

❶ スパゲッティは、袋の表示どおりにゆでる。おかひじきは2等分に切って、沸騰した湯で1分ほどゆでる。ニンニクは潰す。ニンジンと牛肉は細切りにする。
❷ フライパンにオリーブオイル、ニンニク、赤唐辛子を入れて弱火で加熱する。ニンニクの表面が色づいたら、ニンジンと牛肉を入れて、牛肉の色が変わるまで炒める。
❸ ❷のフライパンにスパゲッティのゆで汁をお玉1杯入れて、小刻みにゆすって乳化させる。味を見ながら塩としょうゆを加え、ゆで上がったスパゲッティとおかひじきを加えて、火を止めて全体を混ぜる。

豚肉の酒粕みそ漬け

肉厚な豚ロース肉も、酒粕に漬ければ驚くほどやわらかく。別の部位やほかの肉、魚も同じようにおいしく漬けられます

材料（2人分）

- 豚ロース肉　2枚
- 酒粕（ペースト状のもの）　30g
- みそ　30g
- みりん　大さじ1
- ゴマ油　大さじ1/2
- 菜の花　100g

❶ 酒粕、みそ、みりんを合わせて、豚ロース肉（あれば、清潔なガーゼで包む）に塗り、ラップで包んで密閉容器に入れ、冷蔵庫に5～6時間置く。
❷ フライパンにゴマ油をひき、酒粕みそをはがした豚肉を入れて、弱火で両面を20分ほど焼く。菜の花は熱湯で30秒ほどゆでてから、3cm長さに切り、魚焼きグリルで表面が軽く焦げるほど焼く。
❸ 焼き上がった豚肉を一口サイズに切り、焼いた菜の花と合わせて盛りつける。

マッシュポテト入り チーズハンバーグ

とろけるチーズとマッシュポテトをつめて。
つめ物をすることでハンバーグが
生焼けになりにくい効果もあります

材料（2人分）

- ハンバーグタネ（市販）　2個
- ジャガイモ　1個
- 牛乳　50ml
- バター　10g
- とろけるチーズ　1／2枚
- トマトケチャップ　大さじ1と1／2
- 中濃ソース　大さじ1と1／2

❶ ジャガイモは、皮をむいて6等分にして水にさらす。沸騰した湯で10分から15分ほどゆでる。竹串を刺してやわらかくなったら、鍋から水を捨て2分ほど火にかけて水分を飛ばす。すりこぎでつぶして、牛乳とバターを入れて、ゴムベラで混ぜながらペースト状になるまで5分ほど加熱し、バットに移して粗熱を取る。
❷ ハンバーグタネはできるだけ平らにのばし、1/2に切ったとろけるチーズ、マッシュポテトの1/2量を丸めたものを中央にのせて包む。多少中身がはみ出ても大丈夫。
❸ 耐熱容器にハンバーグを入れて、180℃のオーブンで30分焼く。容器にたまった肉汁と脂を小鍋に移し、ケチャップと中濃ソースを入れて火にかけ、焼き上がったハンバーグにかける。

ジャンボマッシュルームのアヒージョ

ジャンボマッシュルームを器に
見立てたアヒージョ。
普通のマッシュルームでつくってもおいしい

材料（2人分）

- ジャンボマッシュルーム　1個
- オリーブオイル　40ml
- ベーコン　2枚
- ニンニク　ふたかけ
- 塩　小さじ1

❶ ジャンボマッシュルームは、軸を外し、裏返した状態で耐熱皿にのせて、180℃のオーブンで20分焼く。ベーコンは細かく切り、ニンニクとジャンボマッシュルームの軸はみじん切りにする。
❷ オリーブオイル、ベーコン、ニンニクとジャンボマッシュルームの軸を小鍋に入れて火にかけて、10分ほど加熱して塩を加える。
❸ 焼き上がったジャンボマッシュルームを器に盛り、傘の中に、小鍋で温めたオイルを流し込む。

染付

無地の器のなかに
取り入れるだけで、
食卓が華やかに。
絵皿のなかでも
ハードルが低めです。

無地の器ばかりでマンネリ感がある…。そんなときに活躍するのが絵皿。無地の器の中に絵皿を一枚取り入れるだけで、食卓をちょっと華やかに、いつもと違う雰囲気に変えてくれます。

絵皿にも本当にいろいろな種類がありますが、最初に結論を書いてしまうと、私が使い回しやすいと考える絵皿は、「染付（そめつけ）」です。染付とは、白地に青い顔料（呉須（ごす））で模様が描かれた器を指します。

写真の中皿は、大胆な絵柄が藍に近い濃い色で描かれているためドラマチックな雰囲気。染

付には、もっと濃い紺色に近いものから、ごく薄い青色を使ったものまで、さまざまなバリエーションがあります。つくられた時代、産地や製造元（作家）により、色合いが異なります。

無地の器に加えると映える

白と青の2色というシンプルな構成の染付ですが、絵つけの効果で、無地の器のコーディネートに加えると、とても映えます。

まずは、無地の器で構成した食卓に、取り皿として染付の小鉢を取り入れてみました。小皿に合わせて箸置きも染付に。

無地の器だけで構成するよりも染付の小皿が視線を集めて、おもてなしにも使えそうな、華やかな雰囲気になったと思います。

白い器に近い感覚で料理と合わせやすいのも、染付の魅力のひとつ。食材や料理と色がかぶらないので、白い器に近い感覚で、いろいろな料理と合わせることができます。

たとえば、大胆な絵つけの中皿。器だけを見ると、全面に大きめの柄が入っていることもあり、どんな料理に合わせたらいいか迷いそうですが、実際に使ってみると、幅広い料理に映えて便利。ここでは、ホットサンドとキャロットラペというカジュアルな軽食を盛りつけてみました。染付を使うと、ブラウンや色鮮やかなオレンジ色とぶつかることなく調和して見せることができます。

色の構成が単純な料理の場合、白い器を使うと単調に見えてしまいがちですが、絵つけの皿を使うことで、視覚的なおもしろさを加えるというたのしみ方もあります。

好みに合うものをみつけやすい

染付は非常にポピュラーな器なので、さまざまな種類の形、大きさ、テイストのものが広く販売されています。そのため、自分の好みに合うものを探しやすいところも魅力です。

食卓に変化をつける目的で染付を新しく購入する場合には、普段使っている無地の器を出発点にして、その器と組み合わせて使えるサイズや形のものを選ぶのがおすすめ。

メインで使っている無地の中皿や大皿があるならば、染付は小鉢や取り皿が取り入れやすいでしょう。しょうゆ小皿や箸置きといった小物から取り入れる方法もあります。

アジアやヨーロッパでも定番

無地の器は取り皿や小鉢くらいという場合には、思いきって華やかな染付の中皿を取り入れると、食卓の雰囲気を大きく変えることができそうです。

染付は和食器に固有のものではなく、アジアやヨーロッパでも同じ技法を使った器がつくられています。鮮やかな藍色で繊細な絵つけがなされた洋食器は有名なので、見覚えのある方も多いのでは。

そのため、少し工夫すれば、洋食や洋食器とも組み合わせて使うこともできます。コツは、盛りつける料理と、組み合わせる洋食器をできるだけシンプルなものにすることです。ここではシュークリームをのせてみました。

染付同士であれば、かなり華やかな絵柄のものでも、複数組み合わせて使うことも難しくありません。器の色合いが統一されるので、複数の絵皿を使ってもゴチャゴチャした印象になりにくいのです。

そのような意味でも、シンプルな食卓をもう少し華やかにしたい、新しく絵皿を使ってみたいという方には、染付をおすすめします。

新しく購入するのもいいのですが、定番の器なので、どのご家庭でも食器棚を探せばひとつはあるはず。今まであまり使っていなかった染付を発掘して、新しい使い道を試してみるのもたのしいのではないでしょうか。

豚のショウガ焼き

洋食屋さんで出てくるような
ボリューム感のある豚のショウガ焼き。
みりんを活用して、照りよく仕上げます

材料（2人分）

- 豚ロース薄切り肉　6枚
- 片栗粉　大さじ2
- サラダ油　大さじ1／2
- しょうゆ　大さじ1
- みりん　大さじ1
- 酒　大さじ1
- ショウガ　ひとかけ
- ニンニク　少々

❶ 豚肉は片栗粉をまぶす（豚肉と片栗粉をポリ袋に入れて口を軽く閉じて振り回すと、簡単に均一に粉をまぶせる）。ショウガとニンニクはすりおろす。チューブのものでもよい。
❷ フライパンにサラダ油を入れて火にかけ、豚肉を1枚ずつ並べる。裏返しながら色が変わるまで火をとおす。
❸ しょうゆ、みりん、酒を入れて、強火にして少し煮つまったところで、ショウガとニンニクを加えて全体を混ぜて完成。

牡蠣オムレツ

卵焼きにニラと牡蠣を入れたら
ボリュームたっぷりのおかずになりました。
白米にもぴったりです

材料（2人分）

- 牡蠣　6個
- 卵　2個
- ニラ　30g
- ゴマ油　大さじ1／2
- オイスターソース　大さじ1／2
- しょうゆ　大さじ1／2
- 酒　大さじ1

❶ 牡蠣は片栗粉大さじ1（分量外）をもみこんだあと、できれば塩水でよく洗い、ザルに上げて水をきる。ニラは洗って3cm幅に切る。
❷ フライパンにゴマ油を入れて火にかけ、牡蠣を入れて炒め、一回り縮んだタイミングでオイスターソースとしょうゆを入れて牡蠣に絡める。牡蠣に先に味をつけることで、全体の味がぼやけずに仕上がる。
❸ 牡蠣の上にかぶせるようにニラを加え、酒を入れてフタをして、1分たったらフタをあけて強火にし、溶いた卵を入れる。卵が固まってきたらゴムベラで丸くまとめ、半熟部分が少し残る状態になったら完成。

パプリカと豚肉炒め

パプリカは、下処理に手間がかからない
割に食べごたえがあり、日持ちもする
便利な食材。炒め物なら、
調理や片づけの手間も少なめ

材料（2人分）

- 豚切り落とし肉　100g
- パプリカ　1／4個
- シメジ　1／3株
- ゴマ油　大さじ1／2
- みそ　大さじ1
- 酒　大さじ1
- しょうゆ　小さじ1

❶ パプリカは細切りにして、600Wの電子レンジで1分加熱する。シメジは石づき（軸の下のかたい部分）を切り取る。
❷ フライパンにゴマ油を入れて火にかけ、豚肉を入れて炒める。肉の色が変わったら、パプリカとシメジを入れる。シメジは手でほぐしながら、フライパンに投入するとよい。
❸ 酒とみそを加え、フライパンの中でみそを酒で溶く。フタをして3分ほど加熱し、しょうゆを回しかけて全体を混ぜ合わせる。

紅油水餃（ラー油かけ餃子）

市販の餃子も、トッピング次第でおもしろく
食べられます。「疲れているけど、おいしい
ものが食べたい」という日におすすめ

材料（2人分）

- 冷凍餃子（市販）　6個
- あまり辛くないラー油　大さじ3
- フライドガーリック　小さじ1
- 白ゴマ　小さじ1／2
- ゴマ油　少々

❶ 餃子は沸騰した湯に入れて、全体が温まるまで5～10分ほどゆでる。湯の量に対して一度に多く入れすぎると、湯の温度が下がって温まるのに時間がかかるので、大きめの鍋でゆでるか、2回に分けるとよい。
❷ 餃子を器に盛りつけ、ゆで汁大さじ3、ラー油、ラフに砕いたフライドガーリックと白ゴマをかける。さらに、ゴマ油少々をかけてもおいしい。

濃い色の器

つい集めたく
なってしまう魅力。
淡い色合いの料理をのせると
途端にドラマチックに。

濃い色の器は、うまく活用することでいつものおかずをドラマチックに見せたり、取り入れ方次第でテーブルコーディネートを引き締めてくれたりする優れものです。
また、質感や色のグラデーションが美しいものが多く、つい集めたくなる魅力もあります。

濃い色の器に、いちばん合わせやすいと思うのは、淡い色合いの料理です。手始めに、旬の山ウドを黒ゴマであえたものを盛りつけました。料理自体はごく簡単ですが、深緑色のグラデーションが美しい中鉢に淡い色合いの山ウドが映えて、印象的になったのではないでしょうか。

淡い色合いの料理を淡い色の器に盛りつけると、全体がぼやけた印象になってしまいがち。そんなときこそ、濃い器の出番です。

また、濃い器にはシンプルな料理を引き立てて見せる効果もあります。下段の写真は、タケノコを魚焼きグリルで焼いてから、しょうゆとみりんを混ぜたタレを塗ったもの。おもな材料はタケノコだけというごくシンプルな料理ですが、鮮やかな色合いの小鉢に盛りつければ、寂しい印象になってしまうことを防げます。

ターコイズ色の器はインパクトの強い一品ですが、濃い色の料理にも淡い色の料理にも合ううえに、ひとつ取り入れるだけで全体がぐっとおしゃれに見えるので、濃い色の器のなかでもとくにおすすめです。

シンプルな料理を濃い器に盛りつける場合と淡い器に盛りつける場合で、どのくらい印象が異なるのか、写真で比較してみましょう。

夏の定番冷ややっこを、淡い色の中鉢と、深緑色の中鉢にそれぞれ盛りつけました。木綿豆腐を切って、上からカツオ節、ゆでて刻んだカブの葉とショウガをのせただけです。

個人的には淡い色の組み合わせも好きですが、比較してみると、深緑色の中鉢に盛りつけた冷ややっこのほうが、より料理が引き立っているはず。ごくありふれたいつもの料理が、深緑色の中鉢の色に引き立てられ、ちょっとおしゃれな雰囲気になっているのではないでしょうか。

同じ料理を盛りつけても、器によってこんなにも違う雰囲気になるということを知っていれば、器選びの幅が広がります。

白いご飯は濃い色の茶碗に映える

ほかに濃い色の器の取り入れ方としては、ご飯茶碗もおすすめです。ご飯は基本的に白系なので、濃い色に映えます。

ここでは、「姫ウコギ」という山菜をゆでて刻んで、白ゴマと一緒に混ぜ込んだご飯を盛りつけました。独特の匂いが香ばしい春のごちそうです。

ツヤのある漆黒のご飯茶碗に、青菜の混ぜご飯を盛りつけることで、料理の色鮮やかさがより際立つ仕上がりになったと思います。

食卓を引き締める効果も

単体でもいろいろな使い方ができる濃い色の器ですが、ほかの器と組み合わせて使うと、全体を引き締めたり、バランスを整えてくれたりする効果もあります。

パン屋さんで買ってきたキッシュと、サラダという簡単な朝ご飯。白いシンプルなサラダボウルが主役ですが、脇を固めるキッシュをのせたプレートとカトラリーレストを濃い色で統一することで、全体を引き締めつつ、シックな雰囲気になるように合わせてみました。ちょっと大人っぽい組み合わせかと思います。

和のコーディネートでシックに

濃い色の器は、和のコーディネートにも合います。ここでは「あやめ雪」という生食向きの小カブを半割りにして、バーニャカウダ風のソースと一緒に黒い石のプレートに盛りつけました。

黒いプレートに盛りつけることで、カブ自体の美しい色合いがより際立ちます。また、華やかな徳利や箸置きとのバランスもとりやすくなります。

意外に使いやすく、食卓にリズムをもたらしてくれるのが、濃い色の器です。

麻婆豆腐

花椒の効いた、 本格的な麻婆豆腐。
中華の調味料が手元にない場合には、
甜麺醤と豆鼓醤を信州みそに置き換えて

材料（2人分）

- 豆腐（絹ごし） 1丁
- 豚ひき肉 150g
- 長ネギ 3cm
- ニンニク ひとかけ
- ゴマ油 大さじ1／2
- 花椒 小さじ2
- A［しょうゆ（中国濃口しょうゆ）大さじ1
豆板醤 大さじ1／2 甜麺醤 大さじ1／2
豆鼓醤 大さじ1／2 中華スープの素 小さじ1
片栗粉 大さじ1］

❶ 豆腐は600Wの電子レンジで3分加熱し、水をきる。ニンニクと長ネギはみじん切りにし、花椒は麺棒などで潰す。フライパンにゴマ油、長ネギ、ニンニクを入れて弱火で加熱し、香りが出てきたら豚肉を加え、全体を混ぜながら肉がカリッとするまでよく炒める。
❷ Aはすべて混ぜ合わせ、湯100ml（分量外）を加えたものをフライパンに加え、全体をよく混ぜ合わせながら加熱する。とろみがついたら、花椒をふりかける。最後にゴマ油（分量外）少々を回しかけてもよい。お好みで、青菜をゆでたものを添えても。

焼き菜の花と辛子明太子ご飯

だしで炊いたご飯に具を混ぜるだけ。
加熱しすぎて風味が飛ばないよう具材は
蒸らしのタイミングで入れるのがコツ

材料（2合分）

- 菜の花 150g
- 辛子明太子 1腹
- 米 2合
- だし 200ml
- 酒 大さじ1
- 塩 小さじ1／2
- しょうゆ 小さじ1／2

❶ 米はといでザルに上げる。菜の花はかためにゆでる。辛子明太子は中央で切り離し、1cm幅に切る。
❷ といだ米をだしに浸し、15分したら酒、塩、しょうゆを入れて炊く。菜の花は熱湯で30秒ほどゆでてから、3cmくらいの長さに切り、魚焼きグリルで表面が軽く焦げるほど焼く。
❸ 米が炊き上がったら、焼いた菜の花と辛子明太子を入れて10分ほど蒸らす。全体を混ぜ合わせてでき上がり。

納豆チヂミ

納豆とニラと片栗粉があればつくれる
簡単でおいしいチヂミ。
納豆が苦手な人でも食べやすい一品です

材料（2人分）

- 納豆（小粒）　1パック
- ニラ　30g
- 片栗粉　大さじ1
- 卵　1個
- ゴマ油　大さじ1
- 糸唐辛子（あれば）　少々
- しょうゆ　大さじ1
- 酢　大さじ1

❶ ニラは洗ってから2cm長さに切る。納豆に付属のタレを入れて混ぜ、片栗粉、卵、ニラを加えてさらによく混ぜる。しょうゆと酢は混ぜ合わせて小皿に注ぐ。
❷ フライパンにゴマ油の半量を入れて火にかけ、30秒ほどしたら❶の生地を加える。ヘラで四角い形に整え、薄くなるように上から押さえる。
❸ 途中でひっくり返しながら、表面に香ばしい焼き色がつくまで10分ほど焼く。最後に残りのゴマ油を入れて、強火にして30秒ほど揚げ焼きにする。6～8等分に切って、糸唐辛子を添える。酢じょうゆをつけて食べる。

ウドの黒ゴマあえ

春先から初夏にかけて出回るウド。
山菜のなかでは比較的クセのない味わい。
炒め物やパスタに入れてもおいしいです

材料（2人分）

- ウド　1／2本
- 黒ゴマ　大さじ1
- しょうゆ　大さじ1
- 酒　大さじ1
- みりん　大さじ1／2
- 砂糖　大さじ1／2

❶ ウドは、葉と茎に分けて、茎はピーラーで皮をむく。3cm長さに切り、湯から5分ほどゆでて水にさらしたあと、ザルに上げて水気をきる。
❷ 黒ゴマ（できればフライパンで炒るとよい）をすり、そのほかの調味料と混ぜ合わせる。
❸ ゴマの衣にウドを加えて、よく絡める。

ガラスの器

季節感を出すのにぴったり。
グラスを器にしたり
小鉢なら年じゅう活用できる

夏が近づくと使いたくなるのは、ガラスの器。家庭では、四季に合わせて使う器を入れ替えることまでは難しいですが、ひとつでも季節を感じさせる器を取り入れることで、新鮮な気持ちで食卓をたのしむことができます。

食事をつくるのもおっくうな真夏のお昼に重宝な食材といえば、そうめん。厚手のどんぶりの代わりにガラスボウルを使うだけで、味だけでなく見た目も涼しく演出することができます。

冒頭の写真は、希釈したそばつゆに、薄切りのスダチを浮かべた変わりそうめん。スダチのさわやかな香りと酸味が食欲をそそる一品です。

透明なガラスボウルは、サラダや冷たいお総菜の盛りつけにも使えるので、ひとつもっていると初夏から晩夏までいろいろな使い方でたのしめます。子どものいる家庭なら、おやつにガラスボウル一杯のフルーツポンチやカラフルなゼリーをつくっても喜ばれそう。

ガラスの小鉢は年じゅう活躍

一方、ガラスの器でも小鉢サイズであれば、季節を問わず、一年じゅう活用することができます。

熱いおかずに向かないという制約はあるものの、透明なのでほかの器と合わせやすいだけでなく、質感の違いが食卓のアクセントにもなるので、色のきれいな冷たいおかずを手早く盛りつけたいときには、ガラス小鉢を選べばほぼ間違いありません。

ガラスカップを器使い

ガラスの器は欲しいけれど、収納場所が厳しいという方におすすめしたいのは、円柱型ガラスのカップ。冷たい飲み物用に使えるだけでなく、1人分のサラダを盛りつけるにも違和感がない形とサイズなので、ひとつもっていれば、いろいろな場面で使うことができて応用が利きます。

ときどきカフェで同じものが水用のグラスとして使われていたり、サラダボウルとして使われていたりするのを見かけます。冷たいスープを注いでもいいですね。

二層構造のダブルウォールグラス

逆に、収納場所には余裕があるので、おもしろいものが欲しいという方におすすめしたいの

は、ダブルウォールグラスの器。
ダブルウォールグラスとは、全体が二層構造になっている耐熱ガラスのグラスです。耐熱ガラスなので、熱いものも盛りつけることができるのですが、なんといっても盛りつけた食材が宙に浮いているように見える非日常感がたのしい。
形もいろいろなものがあります。写真では、温かいサツマイモのポタージュをスープカップに盛りつけて、カリカリに焼いたベーコンを添えました。
スープのほかにも、彩りのきれいなサラダ、魚介のマリネ、フルーツパフェなど、工夫次第で家庭でもお店のような盛りつけのアレンジがたのしめます。

耐熱ガラスならではのたのしみ

個人的なお気に入りは、ダブルウォールグラスでカフェオレを飲むこと。耐熱なので、ドリップしたての熱いコーヒーと温めた牛乳を直接グラスに注ぐことができ、二層構造ゆえに手で持っても熱くないという機能性の高さもあります。

もちろん、あらかじめグラスに氷を入れて熱いコーヒーと冷たい牛乳を注ぎ、アイスカフェオレにすることもできます。

夏ならアイスカフェオレがおすすめですが、冬にクリアなガラスのグラスで温かいものを飲むという、不思議なぜいたくも捨てがたいものです。

ガラスの器ばかり集めて涼しく

一年じゅう使えるガラスの小鉢も、暑い季節には出番が多くなります。いつもは一回の食事で1種類使うガラスの器を、暑い季節には2種類も3種類も使ったり、またはいろいろな色のガラスの器ばかりを集めた食卓をしつらえたりします。

日常的に使っている器でも、全体に占める割合を増やすことで新鮮さを演出することができるというわけです。

トマトそうめん

トマトを丸ごとすりおろして入れる
変わりそうめん。トマトのうま味が麺に
絡んで、いつもと違うテイストに

材料（2人分）

- トマト　1個
- そうめん　2束
- めんつゆ　300ml（薄めたあとの分量）
- 青ジソ　2枚
- ゴマ油　小さじ1

❶ トマトは湯むきする。めんつゆはつけダレ用の濃度に薄める。そうめんは袋の表示どおりにゆでる。青ジソは1mm幅の千切りにして水にさらしたあと、絞って水気をよくきる。
❷ めんつゆの中にトマトをすりおろしながら加え、そば猪口に注ぐ。青ジソを浮かべて、ゴマ油をたらす。
❸ ゆでたそうめんを、つけダレにたっぷり絡めて食べる。

スダチそうめん

市販のめんつゆにスダチの輪切りを
入れるだけで、夏にぴったりのさわやかな
そうめんになります。見た目も涼しげ

材料（2人分）

- スダチ　3個
- そうめん　3束
- めんつゆ　500ml（薄めたあとの分量）

❶ スダチは1mm厚さの輪切りにする。めんつゆはそばつゆ用の濃度に薄める。そうめんは袋の表示どおりにゆでる。
❷ どんぶりに半量ずつのそうめんを盛りつけ、つゆをはり、スダチを浮かべる。冷たくしたいときは、つゆを濃いめにつくって、氷を入れてもよい。

五目納豆

薬味入りの納豆をのりにのせる
酒肴ですが、混ぜたものをご飯にのせて
のりで巻いて食べてもおいしい

材料（2人分）

- 納豆　1パック
- 長イモ　5cm
- だし　50ml
- たくあん　3cm
- 青ジソ　3枚
- 白ゴマ　大さじ1
- わさび　少々
- 焼きのり　1枚

❶ 長イモはすりおろし、だしとよく混ぜ合わせる。たくあんは1mm幅の千切りにする。青ジソは1mmの千切りにして水にさらしたあと、絞って水気をよくきる。白ゴマはできればフライパンで香りが出るまで炒る。
❷ 納豆をよく混ぜてから器に盛りつけ、上から長イモ、たくあん、青ジソ、白ゴマ、わさびをのせて、食べやすい大きさに切ったのりを添える。

サツマイモスープ カリカリベーコン添え

甘味と塩気の組み合わせがぴったり。
鍋の中で、ハンディミキサーでスープを
撹拌すれば、作業の手間も減らせます

材料（2人分）

- サツマイモ　1／2個
- タマネギ　1／4個
- 牛乳　300ml
- バター　10g
- ベーコン　2枚
- 塩　小さじ1／2
- パルメジャーノ・レッジャーノ（好みで）

❶ サツマイモは皮をむいて2cm角に切り、水にさらす。タマネギはみじん切りにする。ベーコンはフライパンに入れ、脂をふき取りながら、カリッとするまで弱火で加熱する。
❷ 鍋にバター、タマネギと塩を入れ、タマネギがしんなりするまで炒める。サツマイモを加えて全体を混ぜ、フタをして弱火で10分ほど蒸し煮にする。
❸ サツマイモに竹串を刺して、抵抗なく通るようになったら、牛乳を加え、ハンディミキサーでなめらかになるまで撹拌する。そのまま沸騰する直前まで温めて、味見をし、塩（分量外）で味を調える。
❹ スープ皿に盛りつけ、カリカリベーコンを添える。仕上げに好みでパルメジャーノ・レッジャーノをふりかける。

四角い器

食卓に手軽にリズムを
つけたいなら、四角い器を。
とくに長方形がおすすめです。

基本の丸い器のコーディネートに四角い器を組み合わせると、形の違いがリズムを生んで、いつもと違った雰囲気を演出することができます。

ひと口に四角い器といっても、正方形のもの、長方形のもの、大きいもの、小さいものといろいろな種類があります。また、形によっていろいろな使い方ができるところもおもしろいところ。

四角い器のなかでいちばん使い勝手がいいと

感じるのは、長方形の器です。理由は、細長い形の料理を盛りつける場面で収まりがいいから。

焼き魚の器を見比べてみる

実例を見てみましょう。金目鯛の切り身をしょうゆとみりんのタレに漬けてから、香ばしく焼いたものを、基本の丸い皿に盛りつけてみました。七寸の白い和皿です。上下の余白が多く、ちょっとバランスが悪い印象を受けます。かといって、小さいサイズを選ぶと、今度は窮屈に見えてしまいます。

同じ料理を長方形の器に盛りつけてみました。上下の余白がない分、ただ置いただけでも収まりがよくなります。

お店であれば、余白を埋めるために、ちょっとしたあしらいや箸休めになるお漬物を添えるところですが、家庭でそこまで用意するのはなかなか難しい。そんなときは、無理をせず、器を替えることで対応しましょう。

このように、細長い食材を調理したときに長方形の器を使うと、とくに工夫しなくともスッキリと盛りつけることができます。

ご飯とみそ汁に合わせやすい

さらにご飯とみそ汁、お漬物を合わせてみました。ご飯は、塩ゆでした大根の葉を混ぜ込んだ青菜飯です。このとき、焼き魚を長方形の器に盛りつけると、奥に配置した長方形の器がフレームのような役割を果たして、配置が安定します。

一般的なご飯茶碗と汁椀は丸いので、ご飯とみそ汁のセットに、メインのおかずのために大きめの器を追加する場合には、同じ系統の丸い器ではなく、長方形の器の方が配置のバランスがとりやすいのです。

小さなおかずを盛りつけると小料理屋風に

長方形の器は、小さなおかずを盛りつけるときにも活用できます。上段の写真は、左側から、米ナスのみそ田楽、空豆の塩ゆで、ピリ辛モヤシ、カボチャの塩煮。旬の野菜を使った小さなおかずも、長方形の器に規則的に並べると小料理屋さんのようなおしゃれな雰囲気になります。

盛りつけのコツとして、豆皿を使って高低差をつけると、よりお店っぽさが増します。前述のフレーム効果により、ご飯茶碗と汁椀とのバランスもとりやすい。

正方形の器を組み合わせることでも、同じような演出ができます。同サイズの丸い小皿をいくつも並べるとバランスがとりにくく散漫な印象になりがちですが、同じように正方形の器を規則的に並べると、多少柄や雰囲気が異なっていても、さほど違和感は生じません。

むしろ大きさと形が同じで柄や雰囲気が対照的な器を並べることで、絶妙な調和をたのしむことができます。

正方形の器を並べて長方形のように見せる

一方で、とくに大皿であれば、同じ器を2枚並べることで、1枚の大きな長方形の器のように見せるという使い方もできます。

写真は、春先のごちそうとして、セリや山ウドを使ったすき焼きをつくったときのもの。普通のすき焼きの野菜を、春の野菜に置き換えてつくります。

肉と野菜は別の器に盛りつけたいけれど、同じ鍋に入れるものなので、統一感のある雰囲気にしたい。そんなときに、正方形の大皿を2枚並べて使うというテクニックが役に立ちます。

四角い器には、その規則的な形ゆえに、丸い皿よりも盛りつけた料理をモダンな印象に見せる効果があるように感じます。いつもの料理をいつもの小鉢ではなく、四角い器に盛りつけてみると、目先が変わっておもしろいかもしれません。

最後に、オーブン料理に使う耐熱皿も長方形のものがおすすめです。理由は、オーブンの鉄板に収まりやすく、加熱の効率がよいから。

こちらは、パスタの代わりに米ナスを使ったラザニア。ラザニアやグラタンは、仕上げにチーズをかけることで似た印象になりがちなところ、器の形を丸や楕円という定番から四角に変えることで、いつもとはちょっと違う、モダンな雰囲気を演出できます。

サバサンド

カリッと焼き上げたサバを挟んだサンド。
濃厚な脂が、トーストしたパンに
よく合います。レモンのさわやかな
香りがアクセント

材料（2人分）
- 塩サバ　半身
- 食パン　4枚
- レタス　2枚
- レモン　1/2個
- 小麦粉　大さじ2
- サラダ油　大さじ1/2
- バター　10g
- マヨネーズ　大さじ2
- 粒マスタード　大さじ1

❶ 塩サバは2等分に切り、小麦粉をまぶす（塩サバと小麦粉をポリ袋に入れ、口を軽く閉じて振り回すと簡単で均一に粉をまぶせる）。フライパンにサラダ油を入れ、サバを入れて両面をこんがりと焼く。
❷ 食パンはキツネ色になるまでトーストして、それぞれの片面にバターとマヨネーズを塗る。
❸ 食パンの上に、レタス1枚と塩サバをのせて、上からレモン汁を絞りかけ、粒マスタードをのせる。残りのレタスをのせて、食パンでフタをする。
❹ 全体を上から均等に軽く押さえつけてから、2つに切り分ける。

焼きヤングコーン

初夏を感じさせるヤングコーンは、皮つきのものを丸ごと蒸し焼きにすると香ばしく。ひげ部分もやわらかく仕上がります

材料（2人分）
- ヤングコーン　4本
- 塩　小さじ1/2
- 柚子コショウ（好みで）　小さじ1/2

❶ ヤングコーンは実の入っていない上部をキッチンバサミで切り落とし、3枚ほど残して残りの皮をすべてむく。魚焼きグリルで、全体に焦げ目がつくまで15分ほど焼く。
❷ 熱いうちに皮に切り目を入れ、塩と好みで柚子コショウを添える。

塩カボチャ煮

カボチャは甘辛く煮てもおいしいのですが
塩と昆布だしで炊くと
ちょっとよそゆきのおかずになります

材料（2人分）

- カボチャ　1／6個
- 昆布　3cm
- 水　100ml
- 塩　小さじ1／2

❶ 水に昆布を入れて冷蔵庫に一晩置いたあと、鍋に入れて沸騰直前まで温めて、だしをつくる。
❷ カボチャは一口サイズに切り、できれば面取りをする。面取りは、角部分をピーラーで削り取ると手軽。
❸ 小鍋に昆布だしとカボチャを入れ、上から塩をまんべんなくふりかけ、弱火にかける。
❹ 5分ほどしたら、落としブタとしてペーパータオルをカボチャに密着するようにのせてフタを閉め、さらに10分ほど加熱する。
❺ カボチャに竹串を刺して、芯までやわらかくなっていれば、炊き上がり。火を止めて30分ほどフタをしたまま味を含ませる。

野菜がおいしい豚しゃぶサラダ

やわらかくてジューシーな豚しゃぶと
ドレッシングで、無限に野菜が食べられます。
野菜はお好みのものを使っても

材料（2人分）

- 豚しゃぶしゃぶ用薄切り肉　180g
- 酒　大さじ1
- キュウリ　1本
- ミョウガ　3個
- ゴマダレ（市販）　50ml
- ラー油　大さじ1

❶ キュウリは縦に切り、できればスプーンで中央の種部分をこそげ取ってから、斜め切りにする。ミョウガは千切りにして水にさらして、ザルに上げる。
❷ 鍋に水500ml（分量外）と酒を入れて、沸騰直前まで加熱する。豚肉を1枚ずつ鍋に入れ、色が変わったら、ペーパータオルを敷いたバットに並べて冷ます。やわらかくジューシーに仕上げるコツは、沸騰していない湯で短時間ゆでること、水や氷にさらさずに冷ますこと。
❸ 器にキュウリ、ミョウガと豚肉を盛りつけて、ゴマダレとラー油をかける。

北欧食器

洋食器でおすすめなのが
北欧の器。
おしゃれさと日常使いを
両立してくれます。

ときには、デザインや模様が華やかな洋食器も使ってみたくなるもの。洋食器を試してみたいというときに、まずおすすめしたいのが、フィンランドやスウェーデンなどの北欧の国々でつくられている食器です。

北欧食器は、シンプルな白い器でも細部までデザインが行き届いているので、食卓や料理をおしゃれに見せてくれます。それでいてかしこまりすぎない雰囲気なので、日常使いしやすいのです。

使いやすい、リムの浅い平皿と浅めのボウル

なかでもいちばん使い回しが利くのは、やはり無地または無地に近いシンプルな器。さまざまなタイプがありますが、個人的なおすすめは、リムの浅い平皿と浅めのボウル。どちらもひとつもっていると幅広く使えてとても便利です。

旬の野菜のボイルとグリルを添えた肉料理を、リムの浅いシンプルな平皿に盛りつけてみました。サツマイモの温かいポタージュ、グリーンサラダ、オーブンで温めたパンも添えました。

どの料理も和の器に盛りつけることができますが、フォルムの美しい大きめの平皿を使うことで特別感が出て気分が上がります。

小さめの平皿は、お客さまをもてなすときの取り皿に最適です。シンプルさゆえに食卓全体のコーディネートになじみやすいのもうれしいところ。

北欧食器をおすすめするもうひとつの理由が、機能性の高さ。洗練されたデザインながら丈夫なつくりなので、気負わずに日常で使うことができます。

日常で使えるシンプルなものを選べば、洋食以外の料理の盛りつけにも活用することができます。上段の写真は、変わり冷やし中華。キュウリ、焼いた水ナス、トマト、ゆで空豆、トウモロコシ、ホワイトハムに半熟ゆで卵をトッピングしたゴマダレ麺です。

和の器にもなじむ料理ですが、北欧の器を使うことでちょっとしたよそゆき感が出ますね。

無地の次に試したいのは単色の絵皿

無地または無地に近い器の次に試してもらいたいのが、単色の絵皿。白地に黒い線で大胆な絵柄が描かれているものが多いですが、焦げ茶色や鮮やかな青をベースとするものもあります。

一見すると料理やほかの器との合わせ方が難しそうですが、実際は意外と使いやすいのです。

白地に黒の絵皿に、ドライカレーを盛りつけたもの。料理や食卓がシンプルなときには、メインに大胆な絵皿を使うと全体が華やかになり、メリハリがつきます。右上のキュウリのマリネを盛りつけたガラスの器は和のもの。シンプルなものであれば、和の器も合う懐の深さもあるので、手もちの器と合わせて活用することも。

さらに難易度が高そうな焦げ茶色の繊細な絵皿ですが、こちらも思いきって盛りつけてしまえば、割となんにでも合います。繊細な絵柄ですが、単色なので柄が目立ちすぎず、盛りつけた料理を程よく華やかに見せてくれます。

和の器と組み合わせても不思議と調和

ぜひやってみてほしいのは、華やかな絵皿をいくつも組み合わせた食卓のアレンジメント。小さめサイズのカラフルな北欧食器をいくつも組み合わせて、朝ご飯の食卓をつくりました。

それぞれテイストの異なる個性的な絵皿も、料理を盛りつけて並べると不思議な調和が生まれます。しかも、絵皿の間に一緒に並べたガラス食器はすべて和の器。その微妙な違いがさらなる多様性をもたらして、食卓をにぎやかでたのしいものにしてくれます。

イチゴとリコッタチーズのサラダ

味つけに、イチゴと相性のいい
バルサミコ酢を使用。ドレッシングは
直接サラダにふりかけて、
食べながら混ぜるのがおいしい

材料（2人分）

- イチゴ　1／2
- ミニトマト　4個
- スイスチャード　1袋
- リコッタチーズ　50g
- バルサミコ酢　大さじ1
- オリーブオイル　大さじ1
- 塩、コショウ　各少々

❶ スイスチャードは冷水につけてパリッとさせてから、ザルに上げて水をきり、食べる直前まで冷蔵庫に入れておく。ほかの葉物野菜でも代用できる。
❷ イチゴとミニトマトはヘタを取り、半分に切る。
❸ 器にスイスチャード、イチゴ、ミニトマトを盛り、中央にリコッタチーズをのせ、上からバルサミコ酢、オリーブオイル、塩、コショウをふりかけて、全体を混ぜながらいただく。

冷やし中華

とにかく野菜をたくさんのせるのが好きです。
ちょっと変わった具材でも、なんでも
のせていいと思うんです、冷やし中華には

材料（2人分）

- 冷やし中華の麺（市販）　2玉
- 卵　1個
- ハム　4枚
- ナス　1本
- トマト　1／2個
- 空豆　10個
- キュウリ　1本
- スイートコーン　大さじ3
- ゴマ油　小さじ1／2
- 白ゴマ　大さじ1

❶ ハムは1cm幅の短冊切りにする。ナスは乱切りにして、魚焼きグリルで弱火で15分ほど焼く。トマトは湯むきし5mm幅の半月切りにする。空豆は皮ごと15分ほど蒸し焼きにして、中身を取り出す。卵は半熟にゆでる（レシピはP.84）。
❷ キュウリは縦に切ってから中央の種部分をスプーンでこそげ取り、斜め切りにする。塩ふたつまみ（分量外）をふって、水分が出たら絞り、ゴマ油と白ゴマであえる。
❸ 麺は袋の表示どおりにゆでて、付属のタレを皿の底にはる。麺を入れ、トッピングを盛りつけ、半分に切ったゆで卵を中央にのせ、白ゴマ少々（分量外）をふりかける。

自家製ベーコンサンド

ちょっと余裕のある休日のブランチ向け。
コツは組み立てたあとに上から
竹串で刺すこと。別の方向から
2本刺すと、分解しにくい

材料（2人分）

- 丸パン　2個
- サニーレタス　2枚
- 卵　1個
- マヨネーズ　大さじ1
- マスタード　小さじ1
- ベーコン　2枚
- アスパラガス　2本
- トマトケチャップ　大さじ2

❶ 丸パンはやわらかいタイプを選び、スライスして軽くトーストする。サニーレタスは冷水につけてパリッとさせてから、ザルに上げて水をきり、食べる直前まで冷蔵庫に入れておく。ベーコンはフライパンでカリカリになるまでゆっくりと焼く。

❷ アスパラガスは根元から2cmを切り落とし、そこから3cmほどピーラーで皮をむいてから、フライパンに沸かした湯で2分ゆでる。卵は半熟にゆでて（レシピはP.84）から潰して、マヨネーズ、マスタードとあえる。

❸ 丸パンの間に、サニーレタス、❷の卵のディップ、アスパラガス、ベーコンを挟み、ケチャップをかける。上から竹串で刺す。

具だくさんサラダ

朝からたくさんおかずを並べるのはおっくう。
でも、全部をまとめてかわいい皿に
盛りつければ、不思議にごちそう風

材料（2人分）

- バゲット　適量
- サニーレタス　4枚
- 卵　2個
- トマト　1／2個
- ベーコン　1枚
- ハム　1枚
- スイートコーン　適量
- ドレッシング（市販）　大さじ1

❶ バゲットは軽くトーストする。サニーレタスは冷水につけてパリッとさせてから、ザルに上げて水をきり、食べる直前まで冷蔵庫に入れておく。トマトは湯むきして1cm幅にスライスする。卵は半熟にゆでる（レシピはP.84）。

❷ ベーコンはフライパンでカリカリになるまでゆっくりと焼く。

❸ 一口大にちぎったサニーレタス、トマト、スイートコーン、ハム、バゲットとベーコンを器に盛りつけてドレッシングをかけ、上に半分に切った半熟ゆで卵をのせる。

豆皿、小皿

かわいくて集めたくなる豆皿と小皿。直感的に選ぶのが、長く使えるものを手に入れるコツ。

小さい分、値段が安くて買いやすい、収納場所も確保しやすい。そんな理由でついつい増えてしまうのが、豆皿や小皿。しょうゆを入れたり、薬味をのせるのが一般的ですが、使い方次第で食卓にぐっとバリエーションを出すことができます。

私は豆皿や小皿が大好きで、うちにはあちこちで買い集めてきた小さな器がたくさんあります。

いちばん使いやすいのは、やはり無地や、無地に近いワンポイント柄の入ったもの。とくに

白系の小皿や豆皿は、しょうゆ皿や薬味皿として重宝します。
一方で、たとえば2枚目の豆皿や小皿として、同じ無地でも四角い形や少し変わった形のもの、色が鮮やかなものをもっておくと、食卓にバリエーションをつけることができておもしろいものです。

ボウル代わりにも豆皿は使える

細かい材料が多くて複雑な手順の料理をつくるときにも、豆皿や小皿は活躍します。

写真はスパイスからインドカレーをつくったときの調理過程ですが、異なるタイミングで鍋に投入するスパイスや香味野菜をそれぞれ小皿に取り分けておくと、テンポよく調理を進めることができます。お気に入りを並べると、作業中のテンションが上がるという利点も。

味が混ざらないメリットも

朝食のスコーンに添えた発酵バターとベリーのジャム。豆皿や小皿に別々に盛りつければ、それぞれ混じってしまうことがないという機能面のメリットもありつつ、全体がコンパクトにまとまって洗練された印象になります。

丸い器のなかにひとつだけ四角い豆皿を加えることで、食卓によいリズムも生まれます。

大皿に重ねると盛りつけに変化が

豆皿の便利な使い方のひとつが、大皿の上に重ねて盛りつけに変化を出す方法。小さなおかずをいくつかまとめて大皿に盛りつけるときに、シンプルな豆皿をひとつ加えると、立体感が出ておもしろくなります。汁気のあるおかずを盛りつけるときにも便利です。

写真は、左からイチジクのゴマあえ、あぶり厚揚げ、焼き万願寺唐辛子の柚子コショウ添えです。どれもシンプルな料理ですが、中央に配置された鳥の形の華やかな小皿の効果で、ちょっとおしゃれなおつまみに見えるのではないでしょうか。

大皿だと挑戦しにくい華やかな柄ものの器も、豆皿や小皿だと挑戦しやすいのもいいところ。伝統的な色柄のものからポップなものまで、さまざまなバリエーションのなかから、直感的に好きだと思うものを選ぶのが、長く使える器を手に入れるコツです。

無地と色柄もの、さまざまな形と色と柄の豆皿と小皿を、小さなお膳の上にぎっしりと並べてみました。無地のものにも華やかな柄ものにもそれぞれに個性があってすてき。
実際に盛りつけると、それぞれは材料少なめでごく簡単な料理ばかりなのですが、豆皿と小皿の表情のおもしろさと、ぎっしり並んだお総菜の不思議な迫力の効果で、ごちそうのように見えてきます。器や盛りつけで料理の見え方が変わる、わかりやすい例だと思います。

日本酒のお猪口は豆皿としても使える

最後に、裏ワザとして、日本酒用のお猪口を豆皿としても使うテクニックをご紹介。買ってみたものの、あまり出番のないおちょこがあれば、豆皿や小皿として再利用するのもひとつの方法です。

下段の写真は、朝ご飯のもよう。大きめのお猪口に入れたキャロットラペを、はちみつトーストに添えました。ほかのおかずと味が混ざらず、見た目も立体的で、カフェ風の演出をすることができます。

厚揚げ焼き サテトム風味

サテトムとはベトナムのエビ味のラー油です。さほどクセなく使えるので、しょうゆ味と塩味以外のおかずが欲しいときにあると便利

材料（2人分）

- 厚揚げ　1／2丁
- サテトム　小さじ1／2

❶ 厚揚げは一口サイズに切り、魚焼きグリルで軽く焦げ目がつくまで焼く。
❷ サテトムをのせる。

キャロットラペ

彩りが美しいうえに日もちもして便利。ゴマダレをかけて和風にしたり、柚子コショウとあえたりして、味を変えても

材料（2人分）

- ニンジン　1本
- 塩　小さじ1／2
- サラダ油　大さじ1／2
- コショウ　少々

❶ ニンジンはピーラーなどを使って千切りにする。細かく切るとやわらかくて食べやすく、太めに切るとニンジンそのものの味わいと歯ごたえがたのしめる。
❷ 塩をまぶして10分ほどおき、しんなりしたら水気を絞って、サラダ油とコショウとあえる。

イチジクゴマあえ

イチジクの控えめな甘さには、ゴマダレがよく合います。とくに日本酒のおともに試してもらいたい一品

材料（2人分）

- イチジク　4個
- 練りゴマ（白）　大さじ2
- 白ゴマ　大さじ1
- しょうゆ　大さじ1
- 酒　大さじ2

❶ イチジクは洗って四つ割りにする。皮はむいてもむかなくてもよい。
❷ できれば白ゴマはフライパンで軽く炒ってからすり、練りゴマ、しょうゆ、酒と合わせてよく混ぜ、器に盛りつけたイチジクの上にかける（市販のゴマダレを使ってもよい）。

ナスと豚肉の炒め物

ナスは、炒める前に焼くひと手間をかけることで、味がなじみやすくなります。みそ味が食欲を刺激しますよ

材料（2人分）

- 豚切り落とし肉　120g
- ナス　2本
- ニンニク　ひとかけ
- ゴマ油　大さじ1/2
- 酒　大さじ1
- みそ　大さじ1
- しょうゆ　大さじ1
- みりん　大さじ1

❶ ナスは乱切りにして水にさらし、ザルに上げて水気をきる。魚焼きグリルで5分ほど焼く。ニンニクは潰す。
❷ フライパンにゴマ油とニンニクを入れて、弱火で香りが出るまで加熱する。豚肉を入れて、色が変わったらナスを追加して、酒を加えてフタをして3分ほど加熱する。
❸ フタをあけて、残りの調味料を入れ（みそはフライパンの中で水分になじませて溶かす）、フライパンをゆすって全体を混ぜ合わせる。

鉢

ついつい同じものを
使いがちな鉢。
大きさごとに、
映える色や形について
掘り下げてみましょう。

食卓でなにかと便利な鉢。なかでもいちばん使いやすく出番が多いのは、直径15cmから18cmほどの中鉢ではないでしょうか。

メインのおかず1人分にちょうどよく、食卓でほかの器とのバランスもとりやすい大きさ。難しく考えなくても盛りつけをしやすいので、ぜひそろえておきたい器です。

まずはシンプルなものがひとつあるといいと思います。好みもありますが、浅い鉢の方が、深い鉢よりも盛りつけが簡単でおすすめ。白に近い薄い色のものと、黒に近い深い色の2種類あると、盛りつける料理やほかの器の色合いに合わせてバリエーションがたのしめます。

濃淡の2種類の中鉢があると便利

薄い色の浅い中鉢におかずを盛りつけてみました。左側は、焼いた赤ピーマンとアスパラガスのマリネ。浅い鉢を使うとアスパラガスのような細長い食材も、簡単にバランスよく盛りつけることができます。右側は、牛肉、キュウリと黄ニラをピリ辛に炒めたもの。少しですが、汁が器の中央にたまるので、鉢に盛りつけると食卓に運ぶときに安心です。

次に、濃い色の中鉢に、タケノコ、油揚げ、シメジとワラビの煮浸しを盛りつけたもの。煮浸しはだしをきちんとはりたいので、ある程度の深さがある鉢に盛りつけることが必須。また、淡い色合いの料理に合わせ、器の色を濃くすることで全体を引き締めました。濃淡の2種類の中鉢があると、色による使い分けができて、盛りつけがさらにたのしくなります。

直径10cm前後の小鉢は、盛りつけられる分量が少ない分、副菜に使われることの多い器です。
食卓全体に占める面積が狭いこと、小さいので収納場所を確保しやすいこと、副菜ゆえにシンプルな料理に合わせる機会が多いことなどから、食卓のアクセントとして、カラフルな色合いのもの、変わった形のもの、色合いの美しいものなどをおすすめしたいです。
右上の写真の左側は、納豆にとろろとワラビを叩いたものをかけた小鉢。ご飯のおともに用意した副菜で、色合いも地味ですが、かわいらしいガラス小鉢に盛りつけることで少し華やかな雰囲気になったのではないでしょうか。右側は、ジャコとシシトウを甘辛く炒めた副菜です。こちらもシンプルな料理を、あえて形も柄も個性的な小鉢に盛りつけました。
キュウリと黄ニラのエスニックなマリネは、

キュウリ一本を使いきる形で2人分をつくり、でき上がりの分量に合わせて小鉢を選びました。この片口の小鉢は、同じ形の色違いをひとつずつもっていて、おかずを盛りつけるほかに、卓上で回しかける用のドレッシングやタレを入れる器としても活用しています。色違いでそろえると、食卓の雰囲気に合わせて使い分けることができて便利です。

薄切りのヤマイモとワラビに黄身しょうゆをかけた箸休めは、白百合をかたどった小鉢に盛りつけました。余っているヤマイモを使いきってしまいたいという家庭料理ならではの理由で、ごく少量だけつくったおかずです。

いろいろな大きさや形の小鉢があれば、ありもののおかずの分量に合わせながら、余り物感がない盛りつけを演出することもできます。

大鉢こそ、華やかなものを

最後は、20cm前後の大きさの大鉢について。おもにどんぶりものや麺類、大皿料理の盛りつけに活躍するものです。収納にも場所を取るので、つい使い回しを重視してシンプルなものを選びたくなるのですが、個人的には、単体で食卓の主役になることの多い大鉢こそ、お気に入りのものを選んでほしいと思います。

たとえば、麺類を盛りつけるとき。白や黒のシンプルな器もすてきですが、淡いグラデーションの大鉢もいいと思いませんか。全体に占める面積が広い分、大鉢ひとつで食卓の雰囲気が大きく左右されるので、せっかくならば好きな器がいいと思うのです。

大鉢を選ぶときには、いわゆるどんぶりのよ

うな深さのある器よりも、少し浅い器の方が、ほかの料理にも使いやすいのでおすすめです。たとえば、サラダとゆで卵とカリカリに焼いたベーコンという定番の朝食メニューも、鮮やかな色合いの大鉢に盛りつけるだけで、ちょっとおしゃれなブランチ風になります。

染付もおすすめです。写真では、染付の大鉢に水をはって、2人分のそうめんを盛りつけてみました。すりおろしたトマトと千切りのシソを入れためんつゆに、薄切りにしたヤマイモを添えて食べる趣向です。

主役にも名脇役にもなれるのが、鉢の奥深い魅力です。

魯肉飯（ルーローハン）

台湾でポピュラーなご飯もの、魯肉飯。
現地に行くと絶対に食べたい料理です。
できるだけ身近な材料で再現しました

材料（2人分）

- 豚バラブロック　1個（400g）
- ご飯　二膳
- ニンニク　ふたかけ
- サラダ油　大さじ1/2
- A［しょうゆ（あれば台湾しょうゆ）大さじ2
氷砂糖 大さじ1　酒 大さじ2］
- 油ネギ酥（あれば）　30g
- 半熟ゆで卵　2個

❶ 豚バラブロックのうち、半分は1cm厚さの短冊切りにし、残りは粗く刻む。ニンニクは潰す。
❷ 厚手の鍋にサラダ油をひき、ニンニクと豚肉を入れて肉の色が変わるまで炒める。
❸ A、油ネギ酥と水100ml（分量外）を加えて、1時間ほど煮込む。
❹ 器にご飯をよそい、半熟ゆで卵（レシピはP.84）を半分に割ったものと一緒に盛りつける。

牛肉とキュウリの炒め物

生で食べるイメージの強いキュウリですが
炒め物にしてもおいしい。牛肉と一緒に、
ピリ辛の味つけでご飯が進みます

材料（2人分）

- 牛切り落とし肉　100g
- キュウリ　1本
- 黄ニラ　1/2束
- ゴマ油　大さじ1/2
- 豆板醤　小さじ1
- しょうゆ　大さじ1/2
- 酒　大さじ1

❶ キュウリはすりこぎなどで軽く叩いて割れ目を入れてから、大体3cmの長さになるよう手でちぎる。ちぎることで味がしみやすくなる。黄ニラは3cm長さに切る。
❷ フライパンにゴマ油を入れ、牛肉を加えて色が変わるまで炒める。鍋肌に豆板醤を入れて1分ほど加熱する。
❸ キュウリと黄ニラを入れ、しょうゆと酒を入れたら、水分を飛ばすように大きく混ぜながら3分ほど加熱する。

鹹豆漿（台湾風豆乳スープ）

（シェントウジャン）

台北で朝ご飯に食べた温かい豆乳スープを再現。黒酢を豆乳とよく混ぜると、モロモロとした質感に変わっていきます

材料（2人分）

- 豆乳（無調整）　300ml
- 中華ガラスープ　小さじ3
- ザーサイ　大さじ2
- 油麩　4個
- 小ネギ　4本
- 黒酢　大さじ1/2～1（好みで）
- ゴマ油　小さじ1

❶ 豆乳に中華ガラスープを混ぜて沸騰直前まで温める。

❷ 器に黒酢とザーサイを入れ、温めた豆乳を注ぐ。手で2つに割った油麩、みじん切りにした小ネギを入れ、ゴマ油をたらす。

鯛茶漬け

ゴマダレをたっぷりまぶした鯛の切り身をご飯にのせて、だしをかけていただきます。おもてなし料理の〆にも最適

材料（2人分）

- 鯛の刺身　半身
- ご飯　二膳
- A［白ゴマ 大さじ2　練りゴマ（白）大さじ2　しょうゆ 大さじ2　酒 大さじ1　みりん 大さじ1　砂糖 大さじ1］
- だし　300ml
- しょうゆ　小さじ1
- 塩　小さじ1/2
- スプラウト　少々
- ワサビ　少々

❶ 鯛の刺身はそぎ切りにする。できれば白ゴマはフライパンで軽く炒ってからすり、残りのAの材料を合わせてよく混ぜてゴマダレをつくり、鯛を入れてまぶす。ゴマダレは市販のものでもよい。スプラウトは株から切り分けて洗う。

❷ 器にご飯をよそい、ゴマダレをまぶした鯛を並べ、スプラウトとワサビを添える。

❸ しょうゆと塩を混ぜただしをかけて食べる。

華やかな絵皿

大胆だけどシック。
カラフルで華やかな絵皿には、
シンプルな器に負けない
魅力があります。

多色使いの華やかな絵皿には難しいイメージがありますが、実際はとても使いやすい。それでいて、器自体の魅力と迫力で、毎日の食卓を華やかに彩ってくれる優れものです。

簡単なのは、食材と器の色合いを統一すること。冒頭の写真は、蟹脚をバターでソテーしたものです。華やかな赤絵の器に蟹の赤が映えました。食材と器の間に、笹の葉や和紙などを敷いて無地の部分をつくるのも、絵皿を使いこなすテクニックのひとつです。

もうひとつ、シンプルな料理を盛りつけるのも基本の使い方。上段の写真は、冷ややっこにしょうゆ麹のタレと黒ゴマをふりかけた副菜。ベースの小皿は、モダンでカラフルな九谷焼ですが、ごくシンプルな料理であれば、器の色合いとの相性を気にする必要はありません。むしろ、簡単なおかずでも、華やかな器に盛りつけるだけでおしゃれな雰囲気になるというおトク感が。

メインの色合いを統一するとバランスがとりやすい

しかし、そんなに難しく考えなくても、単に冷蔵庫の残り物を炒め合わせたおかずを大胆に盛りつけても、意外とバランスがとれてしまうのが絵皿のいいところ。食卓全体でみると、メインの色合いを統一するとバランスがとりやすくなります。

下段の写真では、メインの器に合わせて、小鉢や箸置きも藍色にそろえて統一感を出しました。偶然ですが、炒め物に入れたパプリカの赤が藍色と補色になって、アクセントになっていますね。

華やかな大皿に華やかな料理を

華やかな大皿には、思いきって華やかな料理を盛りつけてしまうのも手。金彩がちりばめられた有田焼の華やかな大皿に、金柑や紫タマネギ、スライスアーモンドを散らしたサラダが映えます。

さほど手のかかった料理ではありませんが、華やかな色合いが絵皿との相乗効果でより引き立てられて、ホームパーティの一皿としても活躍しそうです。

白いおもちがカラフルな絵皿に映える

色合いの華やかな小皿は和菓子とも相性がいいです。

たとえば、大福もち。カラフルな器に白いおもちが映えて、かわいらしくもおいしそうな演出になります。

いつものお総菜がちょっと豪華でぜいたくに

華やかな色柄の大鉢も、見ているだけでは使いどころに迷いそうですが、実際は、肉じゃがのような日常的なお総菜を大胆に盛りつけても、十分に使いこなせます。

写真は2人分ですが、いつものお総菜がちょっと豪華でぜいたくに見えるのもいいところ。こちらもホームパーティで提供したら、華やかで喜ばれそうです。

食卓全体のコーディネートとしては、ほかの器を単色やおとなしい色柄に統一することで、主役と脇役のメリハリをつけてみました。

北欧のカラフルな絵皿は、和食器の絵皿とはまた異なる雰囲気で、よりはっきりとイラストレーションが描かれているところが魅力でもあり、使い方をちょっと難しく感じるポイントでもあります。

いちばん使いやすい方法は、無地の器と組み合わせて取り皿として使うこと。

大胆な柄ものの北欧食器の使い道としては、ワンプレートの朝ご飯もおすすめです。軽くトーストしたおいしいパンに、目玉焼きとベーコン、冷蔵庫の残り野菜のソテー。そんな定番メニューでも、モダンな絵皿の上に盛りつけるだけで、ちょっとこじゃれた雰囲気になるのが絵皿の効果です。

もっとシンプルな朝ご飯にも、絵皿は活躍します。はちみつ塩バタートースト、コーヒー添え。モダンな器を使ってシンプルな朝ご飯をよ

りたのしむための提案です。
もちろんメイン料理にも使えます。右ページ左下の写真はハンバーグとつけ合わせのベイクドポテト、ニンジングラッセに、焼いた菜の花。華やかな柄の器ですが、メイン食材の色を器のメインカラーに合わせることで、チグハグ感なくまとめられました。食卓全体でもトーンを抑えめにしたことで統一感が出ています。

個人的には、北欧の絵皿のいちばん好きな使い道はおやつ用です。このカラフルでかわいらしい器の上においしそうなお菓子を並べるのは心躍るものです。
好きなお菓子を少しずつ。ティータイムにカラフルな北欧の絵皿はいかがでしょうか。

金柑のサラダ

生で食べられる金柑は、
甘酸っぱくて野菜やドレッシングとの
相性が抜群。旬の時季に
いつものサラダに入れてみてください

材料（2人分）
- 金柑　4個
- サニーレタス　3枚
- 紫タマネギ　1/4個
- スライスアーモンド　15g
- 和風ドレッシング（市販）　大さじ3

❶ 金柑は種を取り除きながら2mm厚さにスライスする。サニーレタスは冷水に10分ほどつけてからザルに上げて水をきる。紫タマネギは1mm厚さにスライスして流水にさらしながらもみ洗いし、最後にぎゅっと絞ってよく水気をきる。ドレッシングの半分を混ぜる。野菜は食べる直前まで冷蔵庫で冷やしておく。
❷ アーモンドは、余裕があれば150℃のオーブンで5～10分ほど香ばしく焼いておく。
❸ 金柑と野菜を盛りつけた上にアーモンドを散らし、残りのドレッシングをかける。

蟹脚バターしょうゆ焼き

冷凍の蟹脚が手に入ったら、ぜひ試して
ほしいのがバターしょうゆ焼き。
火をとおしすぎないことがポイントです

材料（2人分）
- 冷凍蟹脚　4～5本
- バター　10g
- しょうゆ　大さじ1/2

❶ 蟹脚は、表面を流水にさらして解凍し、ペーパータオルで水気をふく。
❷ フライパンにバターを入れて火にかける。バターが溶けたら蟹脚を入れて火をとおし、表面が縮んだら、鍋肌にしょうゆを入れてバターと混ぜながら蟹脚に絡める。

冷ややっこ

自家製のしょうゆ麹をかけた冷ややっこ。
寒い季節は、豆腐を600Wの電子レンジで30秒加熱して、温めて食べても○

材料(2人分)

- 豆腐(絹ごし) 1/2丁
- しょうゆ麹 大さじ1
- スプラウト 1/4株

❶ しょうゆ麹はフードプロセッサーでペースト状にする。なければ、信州みそで代用可。
❷ 豆腐を一口大に切り、スプラウトを添え、しょうゆ麹をかける。

シマアジの漬け丼

ゴマ油が隠し味。初めは魚とご飯とタレの味をたのしみ、途中で卵黄を割って絡めて食べると味わいが変わります

材料(2人分)

- シマアジ 1尾
- 卵黄 2個
- ご飯 360g
- すし酢 大さじ2
- 青ジソ 4枚
- A [しょうゆ 大さじ2 みりん 大さじ1 酒 大さじ2 ゴマ油 小さじ1]
- 白ゴマ 大さじ2
- ワサビ 少々

❶ シマアジはおろしてそぎ切りにする。サクで買ってもいいし、普通のアジでもよい。青ジソは1mm幅の千切りにして水にさらしたあと、絞って水気をよくきる。
❷ Aの材料を混ぜ合わせたものにアジを漬けて、冷蔵庫に30分ほど置く。
❸ ご飯にすし酢、青ジソと白ゴマの半量を加えて、よく混ぜる。
❹ 器にご飯をよそい、アジ、卵黄、残りの青ジソとワサビをバランスよく盛りつけて、上から残りの白ゴマをふる。

酒器

組み合わせは自由。
酒器にこだわると
食卓がぐんと
おしゃれに
たのしくなります。

組み合わせ次第で、料理をよりおいしく、おもしろくしてくれるお酒。お酒の種類ごとに器をそろえるのは、収納場所だけではなく手入れの面でも大変なので、ここでは気取らず兼用でき、手入れが簡単な器をご紹介します。

いろんなグラスでたのしみたいビール

おうちで飲むお酒の定番、それはビールでしょう。最近は国産のクラフトビールも増えて、味や香りに加えて色合いもたのしみたい場面が多いので、王道は透明なガラスのグラスかと思います。
変化球ですが、普段ビールに合わせないタイプのグラスを使う遊びをたまにしています。手のひらサイズの小さなグラスを、少しだけビールを飲みたい気分の日に使ったり、カラフルな色つきのグラスに注いだり。ちょっと違う雰囲気になっておもしろいものです。

お店でワインを飲むときには、上段の写真の右から2番目のような形の、華奢で背の高いグラスを目にすることが多いですが、管理に少々手間がかかるので、日常使いとなるとハードルが高くなりがち。

毎日の食卓で気軽に使うなら、おすすめは、下段の写真のような背の低いワイングラス。ステム（脚）部分が短いものを選ぶと、ほろ酔いで注意力が散漫になり、ワイングラスを派手に倒してしまうという事故も防ぎやすくなります。また、厚手のものを選ぶと、洗うときや収納するときに気を使わずにすみます。

お気に入りのぐい飲みがあれば十分

食卓に合わせやすいお酒といえば日本酒ですが、伝統的なものだけあって合わせる酒器も本当にさまざま。

実用的な面から考えると、お気に入りのぐい呑みがひとつあれば十分です。冷やしておいた四合瓶から、飲みたい分のお酒を直接ぐい呑みに注ぐ。最近の日本酒はラベルがおしゃれなものも多いので、食卓に置いて眺めながらお酒を飲むのも粋な演出です。

ぐい呑みであれば、お猪口と違って食事中にこまめにつぎたす必要もありません。また、大きめのものを選べば、そば猪口と兼用にもできます。

お猪口と徳利をセットにするならガラス製がおすすめ

そうは言っても、一応徳利とお猪口をセットでそろえておきたい。そういう場合には、透明なガラス製がおすすめです。透明なガラスであれば、大抵の和食器と違和感なく合わせることができるので、汎用性が高く、冷酒の涼しげなたたずまいにもぴったりです。

寒い季節には、燗(かん)酒を飲みたくなります。実用面から、耐熱のぐい呑みに日本酒を注いで、電子レンジで好みの温度に加熱するのがいちばん手軽です。

もう少し風情をたのしみたい向きには、陶磁器の徳利やチロリに日本酒を注いで、湯をはった鍋でゆっくりと温める方法も。その場合には、お猪口もガラスではなく少し厚手のものを用意すると気分が盛り上がります。

ウィスキー用のロックグラスなら、クラシックなデザインのものより、少しカジュアルなタイプを選ぶと、ほかの飲み物にも活用しやすいです。赤が印象的な切子のロックグラスは、デザインがモダンなので、お酒以外の飲み物を注いでも違和感がありません。

少しスリムで透明なロックグラスでつくったのは、モヒート。モヒートはグラスの中でミントの葉をすり潰して香りを立てるので、厚手のグラスでつくるのが安心です。

最後は、いただきものの佐藤錦を、製菓用に買ってあったサクランボのブランデーの水割りと合わせて、フレッシュなカクテルをつくってみました。少し変わった形のグラスを使っていますが、ロックグラスでつくるのにもちょうどいいと思います。

BACARDI
SUPERIOR
CASA FUNDADA EN CUBA
ESTD 1862

Schwarzwälder
Kirschwasser
SPECHT

干し柿バター

不思議な組み合わせかもしれませんが、
だまされたと思って試してください。
有塩で風味の豊かな発酵バターを
使うのがおすすめ

材料（2人分）

- 干し柿　2個
- 有塩発酵バター　15g
- グランマルニエ　大さじ1

❶ 干し柿はスライスする。このとき、種があれば取り除く。断面にグランマルニエを塗り、2等分にしたバターを挟んでラップで包む。
❷ 冷蔵庫で2～3時間寝かせたあと、適当な大きさに切る。

半熟味玉

わが家の定番、黄身がトロッとしていながら
殻がむきやすい半熟卵。
コツは、冷蔵庫から出したての
冷たい卵を熱湯でゆでること

材料（2人分）

- 卵　2個
- しょうゆ　50ml
- みりん　50ml
- 酒　50ml
- ショウガ　ひとかけ

❶ 中鍋に湯を沸かす。冷蔵庫から出したての卵の底部分に器具で穴をあけ（100円ショップなどで購入可能）、お玉を使って1個ずつ鍋に入れる。軽く沸騰した状態を保ちながら、7分30秒ゆでる。
❷ ゆで上がったらすぐに湯を捨て、冷水の中でよく冷やす。完全に冷えたら、調理台などの平らなかたいものに殻を打ちつけて細かいヒビを入れ、底部分からむく。
❸ ショウガをすりおろし、そのほかの調味料と合わせて漬けダレをつくる。卵全体をペーパータオルで包み、漬けダレと一緒にジッパーつき保存袋に入れ、冷蔵庫で5～6時間寝かせる。保存袋の中に空気が入らないようにすると、均一に味がしみやすくなる。

焼きシイタケ

グリルで焼いただけなのに、とても美味。
好きな日本酒を注いで焼いて、
うま味が溶け出したお酒をすすりながら
食べるのもぜいたく

材料（2人分）

- シイタケ　2個
- 日本酒　大さじ2
- 塩　ふたつまみ
- しょうゆ　少々

❶ シイタケは軸を切り取り、傘の内部を上にして塩をふり、縁ギリギリまで日本酒を注ぐ。料理酒よりも飲用の日本酒が合う。
❷ シイタケを魚焼きグリルで10分ほど焼く。しょうゆを2 ~ 3滴かける。

からすみ大根

からすみは薄切りにして
大根と合わせるのが定番ですが、
ここでは薄切りにした大根に
すりおろしたからすみをかけてみました

材料（2人分）

- 大根　5cm
- からすみ　10g

❶ 大根は、繊維に沿って1mm厚さの薄切りにする。
❷ 器に盛りつけて、上からすりおろしたからすみをかける。からすみはパウダーでもよい。

鍋

ワンパターンに
なりがちな鍋も、
食材や調理器具の
選び方次第で、
さまざまにたのしめます。

ここ数年、冬になると必ずつくるのがみぞれ鍋です。用意するものは、昆布だしをベースに、火がとおりやすいよう薄めに切りそろえた野菜、しゃぶしゃぶ用の豚肉、たっぷりの大根おろし。

お店では、お鍋の具材は一枚の大皿にずらりと並べられるイメージが強いですが、家庭であれば、小さめの器に分けて並べるアレンジもかわいいと思います。

みぞれ鍋は、土鍋に昆布だしをはって野菜を

入れて火にかけて、8割ほど火がとおったタイミングで大根おろしを汁ごと加えます。彩りを考えて、大根おろしの上に火のとおりやすい青菜をのせるとよりきれい。
大根おろしが温まってだしがふつふつと沸いてきたら、菜箸で薄切りの豚肉を鍋に入れて、しゃぶしゃぶしたらでき上がり。
みぞれ鍋のような水炊きの鍋を食べるとき、わが家ではつけダレを2種類用意するのが定番です。たとえば、自家製のラー油入りゴマダレとポン酢しょうゆの組み合わせ。テイストの違う2種類のタレを用意することで、味に飽きることなく最後まで鍋を味わうことができる仕組みです。
タレに合わせて取り皿の色や形を変えると、見た目にも変化が出て食卓がたのしい雰囲気になりますね。

冬の鍋のもうひとつの定番といえば、湯豆腐。だしの出る食材や野菜を一緒に煮込むと立派な主菜にもなります。

具材が少なめの鍋をするときにあると便利なのが、小さめの竹ザル。普段は料理の下ごしらえの道具としても使えますが、食卓で湯豆腐をするときには下に小さめの平皿を敷くことで、テーブルを汚すことなく鍋の具材を盛りつけることができます。

お湯をはった土鍋の中央には、みそベースの自家製のタレを入れたそば猪口を置きました。具材と一緒にタレも温めることで、熱々の湯豆腐をよりいっそうたのしめるという趣向です。

直火にかけられる深皿も鍋として使える

土鍋を置くスペースがないという場合におすすめなのが、直火にかけることのできる耐熱の深皿。土鍋ほどの収納スペースは必要なく、また、普通の鍋としてもオーブン料理の器としても使用できるものも多いので、季節を選ばずに一年じゅう活用できます。

ここでは、冬の定番の白菜の重ね蒸しをつくりました。白菜と小ネギ、豚バラ肉を重ねたものを均等の高さになるように切り、隙間にマイタケをつめ込んで、少々のお湯を加えて蒸し煮にしたものです。個人的にはしょうゆに青のりを混ぜたタレで食べるのがイチオシ。

直火にかけられる器といえば、スペイン料理でよく使われるカスエラ皿。普通の皿として使え

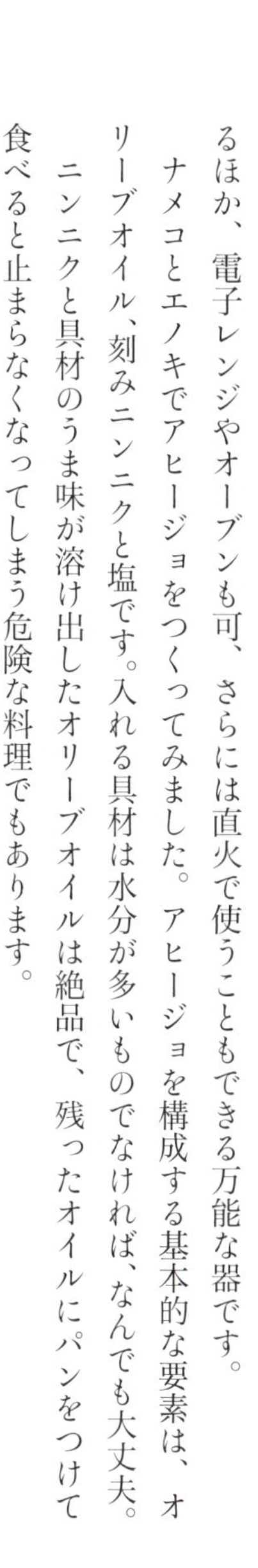

るほか、電子レンジやオーブンも可、さらには直火で使うこともできる万能な器です。

ナメコとエノキでアヒージョをつくってみました。アヒージョを構成する基本的な要素は、オリーブオイル、刻みニンニクと塩です。入れる具材は水分が多いものでなければ、なんでも大丈夫。ニンニクと具材のうま味が溶け出したオリーブオイルは絶品で、残ったオイルにパンをつけて食べると止まらなくなってしまう危険な料理でもあります。

ほかに、わが家ではすき焼きをするときにはフライパンを使っています。つくり方にもよりますが、まず牛脂で長ネギをじっくりと焼いて甘味を出してからお肉を焼いて、少量の割り下を軽く煮つめて具材に絡ませて食べるというタイプなので、普通のフライパンでも十分おいしく調理できます。

忙しいときに役立つセイロ

一般的な鍋料理とは少し違いますが、冬に卓上でたのしめる料理といえば、蒸し物。本格的なセイロがひとそろいあると、忙しいときでも簡単に温かくてヘルシーで栄養バランスの整った食事を用意できます。

写真は冷蔵庫に残っていた野菜と白身魚（このときはタラ）をセイロにぎゅうぎゅうにつめ込んで蒸したもの。蒸すとぐっと小さく食べや

すくなるので、想像以上に量を食べることができます。
蒸すことで野菜のうま味がぐっと凝縮されて、軽く塩をふるだけでもおいしく食べられます。今回はたまたま葉物野菜が多くありましたが、根菜を使ってもいいし、魚だけでなく肉を使うのも、もちろんあり。バリエーションは無限にありますが、どれもつくり方はほぼ同じです。
家族の数に合ったセイロがあると、冷蔵庫の余り野菜を定期的に一掃できるので、食材をムダにすることがなくなるうえ、体にもよい食事を簡単に用意することができて、ストレスフリーの生活になります。

牡蠣入り湯豆腐

普段の湯豆腐に牡蠣を入れるだけで
ごちそう風に。 だしもおいしくなるので
〆を雑炊にしてもよさそうです

材料（2人分）

- 牡蠣　6個
- 豆腐　1丁
- 長ネギ　1本
- エノキ　1株
- おかひじき　100g
- A［みそ 大さじ3　しょうゆ 大さじ2
みりん 大さじ1　酒 大さじ1］
- 昆布　5cm
- 水　400ml

❶ 水に昆布を入れて冷蔵庫に一晩置いたあと、鍋に入れて沸騰直前まで温める。
❷ 牡蠣は片栗粉大さじ1（分量外）をもみ込んだあと、塩水で洗い、ザルに上げて水気をきる。豆腐は8等分に切り、長ネギは斜め切りにする。エノキは石づきを切り落として手でほぐす。おかひじきは洗う。 Aの材料を混ぜ合わせてタレをつくる。
❸ 土鍋に昆布だしをはり、中央にタレを入れた猪口を置いて温める。周囲を囲むようにほかの具材を入れる。
❹ 全体が軽く沸騰したら、具材を取り分けてタレをつけて食べる。

豚みぞれ鍋

大根おろしを入れた昆布だしで、
野菜ももりもり食べられます。
さっぱりした鍋のときは、
タレを2種類用意すると最後まで飽きません

材料（2人分）

- 豚肉　100g
- 水菜　1／2束
- 白菜　3枚
- エノキ　1／2株
- 大根　5cm
- 昆布　5cm
- 水　400ml
- ポン酢（市販）　50ml
- ゴマダレ（市販）　50ml
- ラー油　大さじ1

❶ 水に昆布を入れて冷蔵庫に一晩置いたあと、鍋に入れて沸騰直前まで温める。
❷ 水菜は洗って5cm長さに切る。白菜も洗ってそぎ切りにする。エノキは洗って石づきを切り落として手でほぐす。大根はすりおろす。
❸ 鍋から昆布を取り出し、大根おろしを加え、豚肉をしゃぶしゃぶして食べる。その後、野菜を入れて煮ながら、しゃぶしゃぶした肉で野菜を包んで食べる。タレは、ポン酢と、ゴマダレにラー油をかけたものの2種類を用意する。

山菜すき焼き

定番のすき焼きの具を山菜に。
山菜の苦味と牛肉の脂がよく合います。
冬の終わりから春先にかけて
季節を味わう料理のひとつです

材料（2人分）

- 牛肉　100g
- シイタケ　2個
- セリ　1/2束
- タラの芽　6個
- ウド　1/2本分
- A［しょうゆ 20ml　みりん 20ml　砂糖 大さじ2　酒 20ml　水 40ml］

❶ Aの材料を混ぜ合わせて、600Wの電子レンジで1分加熱し、アルコール分を飛ばして割り下にする。
❷ セリはよく洗って、根と葉を切り離して葉は3cm長さに切る。ウドは、葉と茎に分けて、茎はピーラーで皮をむく。3cm長さに切り、湯から5分ほどゆでて水にさらしたあと、ザルに上げて水気をきる。シイタケは軸を切って飾り切りをする。
❸ 卓上コンロに鉄フライパンをのせて予熱する。牛肉を入れて香ばしく焼き、割り下少々をかけて食べる。その後、山菜と野菜を入れて焼きながら、牛肉と一緒にいただく。

アサリ大根鍋

大根や油揚げがアサリだしのおいしさを
吸って、見た目を裏切る濃厚な味仕立ての鍋。
〆の卵雑炊がまたおいしいのです

材料（2人分）

- アサリ　200g
- 昆布　5cm
- 水　500ml
- 大根　5cm
- 油揚げ　2枚
- 長ネギ　1本
- シメジ　1/2株
- 赤みそ　大さじ3～4

❶ 水に昆布を入れて冷蔵庫に一晩置いたあと、鍋に入れて沸騰直前まで温める。アサリは砂抜きをして殻をこすり洗いする。大根は3cm長さの短冊切りにし、油揚げは半分に切り、長ネギは斜め切りにする。シメジは洗って石づきを切り取って小房に分ける。
❷ ❶の昆布だしに赤みそを溶き入れ、具材を加えて加熱する。煮立ってアサリの口があいたらでき上がり。
❸ 〆に卵雑炊をつくる場合は、残った汁にご飯を入れて、溶き卵と小ネギを加えてフタをして卵が半熟になるまで待つ。

お盆、トレー

手入れの手間は
少々かかりますが、
ちょっとよそゆきの雰囲気を
演出できるアイテムです。

朝ご飯に具だくさんのみそ汁とご飯、自家製の浅漬けという一汁一菜を用意するとき。食卓に直に並べると寂しくなりがちな品数ですが、折敷（おしき）の上にバランスよく並べれば、ぐっとまとまりがよくなります。

木製のシンプルな折敷は、いろいろな器に合わせることができるので、初めての一枚におすすめです。

トレーやお盆にもいろいろな種類があり、好みや使うシチュエーションで選ぶのがよいでしょう。

日常使いするなら長方形のトレーが最適

お盆やトレーを日常使いする場合、「あまり難しく考えなくていい」ことが重要だと感じているのですが、それには少し大きめの長方形のトレーが最適。

小さめの器を選べば、上段の写真のように、ご飯と汁物、主菜と副菜まで並べることができます。このときの主菜は牛肉とトマトの卵炒め、副菜はヤマイモの梅シソあえでした。

黒い塗りのお盆は、木製の折敷やトレーと比べるとシックな雰囲気です。円形なので器を並べられる面積が狭く、正直なところ、あまりお盆初心者向けではないのですが、一枚取り入れるだけで、シンプルな料理を格上げしてくれる強さがあります。ここでは、少し大きめの飯碗に香箱蟹（こうばこがに）飯、同じく大きめの塗りのお椀にシイタケと油揚げのお吸い物を盛りつけました。

お盆を食器のように使う

一方で、料理を運ぶときに使うお盆を、食器の一部のように使う方法もあります。写真は2人分のごく軽い朝ご飯。ハムをのせたバゲットとジャガイモの冷たいスープを、いつもの食卓ではなく窓辺の小さなテーブルで食べたときのもの。

皿は2人で1枚、カップのソーサーは省略。そんなシンプルな器使いでも、お気に入りのお盆があれば、それなりにすてきな朝食になります。

トレーには、表面に加工がされていて、料理を直に盛りつけることができるものも。そういうタイプであれば、器とほぼ同じように使うことができて、盛りつけの幅が広がります。

おやつの時間にも活躍します

お盆とトレーは、食事だけでなく、おやつの時間にも活躍。美しい季節の生菓子を抹茶と一緒にいただくとき、長方形の小さなトレーがあると重宝します。

シュークリームやマカロン、クッキーのような小さな洋菓子にも活用できます。お菓子とお茶をひとつのトレーにのせてしまえば、どこでも好きな場所に持ち運んでおやつの時間を満喫できる仕組み。食事を盛りつけるには小さく感じるトレーも、おやつであれば余裕です。

和菓子には和のお盆と器を合わせるのが定番ですが、個人的には、洋食器と洋風のトレーを合わせても、少し変わった趣があり、おもしろいと思います。ポイントは、和菓子も器も単色やモノトーンのシンプルなものを選ぶこと。

逆パターンで、洋菓子を和のお盆と器に合わせるのもすてき。華やかな和のお盆とモンブランを調和させるために、主張の控えめな和の器を選びつつ、コーヒーの黒と対応するように黒いスプーンを合わせました。和食器の組み合わせ方は、洋服や和服のコーディネートにも通ずるように感じます。

洋菓子を和食器に合わせる別パターンで、お膳も使ってみました。こちらは古道具です。お膳の色が落ち着いた分、ケーキを盛りつけた器を華やかな柄のものに替えました。

お膳をしきたりに従って正しく使いこなす自信はないのですが、長い時間を経て不思議な縁で私のところにやってきた道具なので、日常生活におもしろくたのしく生かしていけたらと思っています。

古道具のお盆を使うたのしみ

ちなみにかまぼこ型のお盆も、金沢の古いもの。使い道が限られるかなと思いつつ、あまりにもすてきだったのでつい購入してしまったのですが、好きなものだとなんとかして使いたくなるようで、意外と出番が多くなっています。

話はそれますが、この小さな赤いお盆は酒器との相性がとてもいいです。遊びのようなものですが、色鮮やかな小皿や豆皿に酒肴を盛りつけて並べれば、ちょっといいお店でお酒をたのしんでいるような雰囲気に。

華やかな器同士を合わせるときは、それぞれ異なる形を選ぶことと、赤色を軸に青が差し色になるように選ぶことに気をつけています。

サバ缶スープ

保存が利いてお手頃なサバ缶を
使ったスープ。野菜は冷蔵庫の残り物を
なんでも入れて大丈夫。
ショウガの効果で体が温まります

材料（2人分）
- サバ缶　1缶
- ほうれん草　2束
- 長ネギ　1／2本
- ショウガ　ひとかけ
- 酒　大さじ1
- 塩　小さじ1
- しょうゆ　小さじ1／2

❶ ほうれん草は熱湯で1分ゆでて、3cm長さに切る。長ネギは斜め切りにする。
❷ 鍋に湯（300ml）を沸かし、ほうれん草と長ネギを入れて、全体がくたっと煮えてきたらサバを缶汁ごと入れて、さらに5分ほど煮る。
❸ 鍋に酒を入れ、ショウガをすりおろして加える。食べる直前にゴマ油少々（分量外）をたらす。

香箱蟹飯

コツは、風味が抜けないよう蟹を一緒に
炊き込まないこと。また、蟹をあらかじめ
グリルで焼いておくと香ばしさが増します

材料（2人分）
- 香箱蟹　2杯
- 白米　2合
- だし　400ml
- 酒　大さじ1
- 塩　小さじ1
- 青ジソ　2枚

❶ 米はといでザルに上げたあと、だしに浸し、15分したら酒、塩を入れて炊く。
❷ 香箱蟹は魚焼きグリルで5分ほど焼いて表面に焦げ目をつける。青ジソは1mm幅の千切りにして水にさらしたあと、絞って水気をよくきる。
❸ ご飯が炊き上がったら、器によそい、香箱蟹の中身と青ジソをのせる。

塩煎り銀杏

余裕のあるときは、銀杏を塩煎りにします。塩を介して熱を入れると、芯までふっくらと火がとおり、おいしいでき上がりに

材料（2人分）

- 銀杏　20個
- あら塩　100g

❶ 銀杏は金づちなどで叩いて殻にヒビを入れる。
❷ 鉄フライパンに銀杏が埋もれるくらいの量のあら塩と銀杏を入れて、弱火で15分ほど加熱する。殻の表面に焼き色がついたらでき上がり。器にはあら塩ごと盛りつける。

牛肉トマト炒め

牛肉にトマトを加えることで酸味とうま味が増します。卵は先に半熟になるまで焼いて取り出し、あとで戻し入れると失敗なし

材料（2人分）

- 牛切り落とし肉　100g
- トマト　1個
- 卵　1個
- ゴマ油　大さじ1／2
- しょうゆ　大さじ1
- みりん　大さじ1
- 酒　大さじ1

❶ トマトは、湯むきして8等分に切る。
❷ フライパンにゴマ油をひいて火にかけ、溶いた卵を入れて強火にして、ヘラでまとめながら焼く。半熟に焼き上がったら、一度器に移す。
❸ 同じフライパンに牛肉を入れて焼き、色が変わったら、トマトを加えて混ぜ、しょうゆ、みりん、酒を入れる。
❹ 卵を戻し入れて全体をざっくりと混ぜる。

おやつの器

華やかな甘いものには
意外にも暗い色の器が
お似合い。和食器や
酒器も活躍します。

予定のない休日の昼下がり。そうだ、お茶をいれておやつにしよう。そんなときにどんな器を使いますか。

ベーシックな白い洋皿やかわいらしい花柄の器もすてきですが、おやつを盛りつけるときに意外とおすすめなのは、暗い色合いの器です。

写真は、イチジク塩バタートースト。濃いグレーの器に盛りつけると、トーストのキツネ色とイチジクのやわらかなピンク色が、浮き上がるように際立ちます。

おやつの種類によって器を使い分ける

続いては、同じくイチジクを四つ切りにして、アーモンドクリームに敷きこんで焼いたシンプルなタルト。

ホールのタルトやケーキを盛りつけるときに一枚あると便利なのが、リムの狭い平らな皿。平らな部分が広めでシンプルなものをひとつもっていると、おみやげでホールケーキをいただいたときや、お客様用にタルトを焼いたときなどに、幅広く対応することができます。


和菓子を盛りつけるときに便利なのが、木製の器。写真は、お茶の器とお茶菓子を一緒に盛りつけることのできるプレートです。

お抹茶と水菓子の組み合わせもこんなふうに盛りつけると、ちょっとしたカフェで一服しているようなたのしい気分になります。

マカロンをあえて和の小皿に

洋菓子は洋食器に、和菓子は和食器に。ついつい決まった組み合わせにとらわれがちですが、洋菓子を和食器に盛りつけると意外なおもしろさに出合えることがあります。

単体ではかわいいけれど、盛りつけに迷うものといえばマカロン。1人につき2つくらいの少量であれば、シンプルな長方形の和の小皿に盛りつけてもおもしろい雰囲気になります。

小さめのコーヒーカップと組み合わせれば、円形と長方形が対照になって、器の配置にリズムが生まれて見た目にもたのしい。

意外な器を使って、おやつの時間をさらにたのしく

おやつと器の意外な相性について、さらに3つの例を見ながらご紹介しましょう。

小さなカヌレを特徴的なフォルムの染付の器に盛りつけた、上段の写真。カヌレのストイックなたたずまいに、モダンな染付の雰囲気が不思議に調和しているように感じられます。

中央の写真は、ベリーのレアチーズケーキを、染付の器に盛りつけたところ。かわいらしく華やかなケーキに、大人っぽい染付の器を合わせることで、いつもと違う雰囲気に。

下段の写真では、小さくて高級なチョコレートを、モダンなデザインのお猪口に盛りつけました。チョコレートの味わいや香りだけでなく、繊細なフォルムも存分に堪能することができます。

家で喫茶店ごっこをたのしんでみる

家でつくる日常のおやつも、器の工夫次第では、まるでお店のような仕上がりになって、ちょっとした喫茶店ごっこをたのしむこともできます。

フルーツパフェをつくってみました。材料は、カットフルーツと生クリーム。使った器は、普段お水や日本酒を飲むときに使っている薄くて小さなグラスです。専用のパフェグラスがなくても、飲み口が広がっているタイプのグラスを使えば、パフェ風の盛りつけも難しくありません。

カットしたフルーツと生クリームを交互にグラスにつめて、最後にカットフルーツをバランスよく飾りつけて、飾り用の生クリームを絞り出せばでき上がりです。

今度は、コンビニで買える材料でつくったプリン・ア・ラ・モード。使っているのは、市販のカスタードプリン、生クリームとカットフルーツです。専用の器を置く場所を確保するのは難しいのですが、これも日々使っているガラスの和食器を流用すれば、手軽。

つくり方は、器にプリンを盛りつけて、生クリームを絞り出してカットフルーツを飾りつけるだけ。生クリームを絞り出すのが面倒であれば、カットフルーツを添えるだけでも、十分に華やかなおやつのでき上がりです。

最後にクリームソーダ。クリームソーダの専用グラスをわざわざ用意するのはちょっとハードルが高いですが、ステムのあるワイングラスで代用することができます。

写真は、自家製の紅玉のシロップとオレンジのシロップをベースにしたクリームソーダ。夏に買って余ったかき氷シロップや濃い色のリキュールがあれば、ソーダ水とアイスクリームを使って、好みの色のクリームソーダをたのしむことができます。

おうちプリン・ア・ラ・モード

市販のプリンを使えば、意外と簡単に
つくれちゃいます。おうちなら、クッキーや
アイスクリームのトッピングも自由自在

材料（2人分）

- プリン（市販）　2個
- ミカン、ブドウ、イチゴなどの果物　適量
- 生クリーム　100ml
- 砂糖　7g

❶ 果物はプリンの大きさに合わせて切る。生クリームは砂糖を加え、ツノが立つまで泡立て、口金つきのホイップ袋に入れる。
❷ ガラスの器の中央にプリンを置き、周囲をホイップクリームでデコレーションし、果物を散らす。

イチジク塩バタートースト

塩気のあるバタートーストにイチジクを
のせてさらに加熱すると、イチジクが
とろりと甘くなり止まらない味に

材料（2人分）

- イチジク　3個
- 食パン　2枚
- バター　20g
- はちみつ　大さじ1

❶ 食パンはトーストして、表面にバターを塗る。
❷ イチジクは1cm厚さにスライスし、トーストの上にのせて、さらにトースターで2分ほど焼く。はちみつをかけてでき上がり。

黒豆マスカルポーネ

おせちで余りがちな黒豆は、
マスカルポーネチーズとの相性が抜群。
酸味のあるイチゴを加えると、
和風パフェのような趣に

材料（2人分）

- 黒豆　20粒
- マスカルポーネチーズ　50g
- イチゴ　2粒

❶ イチゴはヘタを取って四つ割りにする。
❷ 器にマスカルポーネチーズを盛りつけ、黒豆とイチゴを添える。黒豆の蜜を少しかけてもよい。

黒糖タピオカミルク

台湾で飲んでとてもおいしかった
黒糖タピオカミルクを再現しました。
黒糖のコクがあとを引きます

材料（2人分）

- タピオカ　25g
- 黒糖　50g
- 水　400ml
- 牛乳　300ml

❶ タピオカは水で洗う。水に黒糖を入れて火にかけ、溶かしながら沸騰する直前まで温めてからタピオカを入れ、弱火で15分ほど煮る。粗熱が取れたらシロップごとタピオカを冷蔵庫で5～6時間寝かせる。
❷ 冷蔵庫から出したタピオカとシロップを再度火にかけて、15分から30分ほど沸騰させないくらいの弱中火で煮る。加熱前にタピオカ同士がくっついていたら、手でほぐす。かさが減ってタピオカが水面から露出したら水をたす。
❸ 炊き上がったタピオカを耐熱のグラスに入れて、牛乳を注ぐ。冷たくする場合は氷を入れて混ぜる。

茶器

美しい道具で
丁寧にコーヒーや
お茶をいれる喜び。
ほっとする時間が
流れます。

私はコーヒーが大好きなので、毎日ほぼ水とコーヒー（あと日が暮れたあとは少しのお酒）ばかり飲んで暮らしています。

とくに、朝の起き抜けに香りのよいコーヒーを飲む気分は格別。胃が弱いので平日の朝はあまり食べられないのですが、ときどきおいしいパンを買ってオーブンで軽く温めてから、いれたてのコーヒーと合わせたりします。簡単ですが、至福の朝ご飯です。

コーヒーは、コーヒー豆をその都度ひいてハンドドリップしています。一連の作業に必要な

道具は、ドリップポット、ドリップポット用の温度計、コーヒーミル、ドリッパー、フィルターとピッチャーです。

コーヒーミルは、手動の小さなものを使っています。縦長でスリムな形なので、ちょっとした隙間に収納できるのが頼もしい。コーヒーのためだけにドリップポットを用意するのは少しぜいたくですが、注ぎ口の細いケトルがあるだけで、格段にドリップがうまくできます。

また、コーヒーはいれる温度と時間、豆とお湯の量で味わいが変わるところが醍醐味。ドリップするお湯用の温度計やドリップスケール（ドリップ時間と湯量を同時に計れる専用のはかり）を用意すると、ますます深みにはまっていく仕組みです。

ハンドドリップはちょっとハードルが高い場合、ドリップしたコーヒーを入れるガラスピッチャーはいかがでしょう。わが家では、アイスコーヒーを飲みたいとき、濃いめにドリップしたコーヒーに氷を入れて冷やしたあと、ピッチャーごと冷蔵庫に入れて常備しています。

「お茶をいれる道具はなるべく少なくすませたい」という方におすすめしたいのは、フレンチプレス。コーヒーをいれる手順は、フレンチプレスにコーヒーの粉を入れ、ゆっくりとお湯を注いでから、内蔵の網を押し下げるだけ。
　道具も手間もぐっと少ないのですが、抽出したコーヒーはオイルが多めで香りがよく、ハンドドリップとはまた違う魅力があります。
　温かいコーヒー以外の用途にも使えます。たとえば、コールドブリュー（水出しコーヒー）もフレンチプレスがあれば簡単。基本的な手順は温かいコーヒーと同じ。フレンチプレスにコーヒーの粉を入れて、ミネラルウォーターを注いでから冷蔵庫に入れて半日置いておくだけです。飲む直前に内蔵の網を押し下げてこせば完成。
　さらに、紅茶をいれる道具としても使うこと

ができます。紅茶の茶葉を入れて熱湯を注ぎ、フタをしてしばらく蒸らすだけ。内蔵のフィルターが金属製のものを使えば、洗剤で洗うだけで、においもきれいに落ちて気になりません。

味だけでなく、いれる過程もたのしむ

少し変わった茶器が欲しいという方には、耐熱ガラス製のポットがおすすめです。ストレーナーまでガラス製のものを選ぶと、茶葉がきれいに透けて見えて、いれる過程もたのしむことができます。

たとえば、生のハーブを使ったハーブティー。レモングラスとタイムにレモンをひとかけ加えて熱めのお湯を注いだものです。さらに、専用の台とティーライトキャンドルを用意すれば、冷めないよう保温することもできます。

複数の用途に使える耐熱ガラス製ポット

耐熱ガラス製ポットは、ティーバッグの紅茶、日本茶、ハーブティーなどを複数人分いれたいときにも重宝します。また、氷とミネラルウォーター、レモン、ミントなどのハーブを入れると、見た目も味もさわやかなハーブウォーターに。

暑い季節にあるとうれしいのが、水出しの緑茶。こちらもガラスポットに緑茶の茶葉とミネラルウォーターを入れて、冷蔵庫に半日置いておくだけで完成です。透明なガラスポットでいれると、水出し緑茶の美しい色合いを余すところなくたのしむことができます。

旅の思い出に浸れる茶器

わが家には、台湾で購入した茶器のセットもあります。

台北の街を歩き回るうちに、お湯を沸かしながらゆっくり味わう台湾茶の世界に魅せられてしまい、現地で見つけた茶器を持ち帰ってきたもの。ほうろうのポット、茶海(白い小さなピッチャー)、聞香杯(お茶の香りをたのしむための背の高い茶器)は、もともともっていたものを流用しています。聞香杯は酒杯です。

道具のすべてを本格的にそろえるのもすてきですが、必要最低限の茶器に手もちの和の器を組み合わせて、その妙をたのしむのもいいものです。

箸置き

あるとないとでは大違い。
器の配置のバランスを
とりやすくしてくれる
小さな味方です。

食卓を整えるときに便利な小物、それは箸置き。全体に占める割合はわずかですが、箸置きを使うだけで、きちんとした雰囲気を演出できるだけでなく、器の配置のバランスをとりやすくしてくれるといううれしい効果があります。もちろん、箸もテーブルも清潔に保つことができるという機能性も。

新しい器を増やせない場合でも、箸置きならちょっとした隙間に収納できるので買いやすく、選ぶのもたのしいものです。

箸置きの効果を写真で見比べてみる

箸置きの有無で見た目がどれくらい違うのか、実際に写真で比べてみましょう。

まずは、箸置きを使わずにテーブルに直接箸を置いてみました①。

ここに白いシンプルな箸置きを追加します②。箸置きのある方がきちんとした雰囲気になっていますね。画面全体も、ぐっと引き締まって見えるのではないでしょうか。

さらに、箸置きを染付にしてみました③。箸置きを替えただけですが、色と柄の効果により、モダンで華やかな雰囲気が生まれました。

①

②

③

バリエーション豊富な箸置き。買いたすときのポイント

箸置きを選ぶなら、最初はシンプルな無地のものが使い回しやすくていいでしょう。すでにもっている場合は、染付のような柄ものを追加すると、アクセントとして食卓に変化をつけることができます。

バリエーションを増やしたいという方におすすめしたいのが、季節感のある箸置き。右側の写真の手前は桜の花びら、奥は枝豆をかたどった箸置きです。変わり種としておもしろいのが、さまざまな鳥の絵柄がプリントされた箸置き。箸を置くと、まるで鳥が枝の上で羽を休めているよう。気のおけない友人と集まるときなど、各自に好きな鳥の絵柄を選んでもらっても盛り上がりそうです。

お正月のようなハレの日用に、特別な箸置きを用意するというたのしみもあります。市販のおせちをシンプルな和食器に盛りつけて、特別な箸置きと一緒に並べれば、華やかかつミニマムなお正月コーディネートが完成します。

和の箸置きはカトラリーレストと兼用できる

最後に、ナイフやフォークを置くときに使われる、カトラリーレストについて。よく見かけるのは金属製ですが、おすすめは細長い和の箸置きを、カトラリーレストと兼用することです。

コツは、和のテイストが強すぎないシンプルなものを選ぶこと。また、手もちのカトラリーと釣り合うボリューム感のあるものがよいでしょう。モノトーンのシンプルな箸置きであれば、洋食器にナイフとフォークを合わせる場面でも、違和感なくなじみます。

カトラリーレストと兼用できる箸置きは、お箸とスプーンを一緒に食卓に並べたいときなどにも使い勝手がいいものです。

たとえば、軽食にラーメンをつくったとき。長めの箸置きがあれば、お箸とレンゲをスマートに並べることができます。

ホームパーティの器

日常の延長で、ホストもゲストも気軽にたのしむ。
それがわが家のホームパーティです。

ホームパーティというと、1人ずつ着席して、目の前にはおそろいの器とテーブルウェア、1人1皿ずつ料理を用意する、というイメージの方も多いと思うのですが、わが家のホームパーティはもっと適当で気軽なものです。

基本のコンセプトは、日常の延長にあって、主催の自分の負担はなるべく少なく、参加してくれる友人にも気を使わせず、ゲストみんなが気兼ねなくたのしめる会。

まずはグラス。とくに洋食に合わせてワインを出したいとき、うちではあえてステムのない小さめのグラスを使っています。リラックスした雰囲気でお酒が入ると、どうしてもグラスを倒しがち。あとの処理にもとても気を使います。
また、グラスは同じものにそろえることはせず、二人暮らしで使うために集めたものから、ゲストにそれぞれ選んでもらう方式にしています。ホームパーティならではの手づくり感と、好きなものを選んでもらうという、遊びのような感覚が気に入っています。

ソフトドリンクとして、ミネラルウォーターに、ローズマリーやタイムなどのハーブとレモンなどの柑橘類を入れただけのハーブウォーターも用意。ほのかな酸味とハーブの香りが口をリフレッシュしてくれるので重宝します。

料理は盛りつけがラクな大皿が基本

料理は、大皿で出して、各自取り分けてもらうスタイルが基本。盛りつけ作業に時間がかかり、ホストが長時間台所にこもってしまう事態を防ぐためです。

ホームパーティでは、ホストが常に忙しく働いていると、ゲストにも気を使わせてしまい、リラックスしてたのしみにくくなってしまいます。また、好き嫌いやアレルギーで食べられない料理があった場合にも、気を使うやり取りをすることがありません。

よく出す料理のひとつは、鴨ロース。事前調理したものを提供する直前にひと口サイズに切り分けて、あらかじめ用意しておいた薬味を添える作業だけをしています。

取り皿は中サイズと小サイズの2種類

料理よりも会話やコミュニケーションが主役になることが多いので、話しながらでも取り分けて食べやすい盛りつけにすることも大事です。取り皿は、やはり「大体同じ大きさの種類の違う皿」を人数分用意して、ゲストに選んでもらう方式にしています。

大きさは2種類。料理にもよりますが、料理を取り分ける用の中皿とタレ用の小皿です。

一緒に種類の違う箸置きを並べておいて、好きなものを取ってもらったり、ゲスト同士でお互いに似合いそうなものを選んでもらったりすることもあります。

トレーを大皿代わりに使うコツ

そんなにたくさん大皿をもっていないという場合、お盆やトレーを器代わりに使うという方法もあります。

円形の木製トレーにワックスペーパーや紙ナプキンを敷いて、ひと口大に切ったパンを盛りつけてみましょう。トレーに直接盛りつけるよりも清潔感があり、間に好きな色の紙ナプキンを挟むことで華やかにもなります。

パンはあえて小さめに切ることで、食べきりやすく会話の妨げにならないように気をつけました。生ハムやチーズをのせて食べたいときにもちょうどいいサイズです。

フライパンで調理した料理を、そのまま食卓に出してしまうのもおもしろいもの。鉄フライパンに軽く塩をふった上にハンバーグをのせ、四つ割にしたマッシュルームを散らした料理は、焼く前の状態をゲストに見せたあと、オーブンに入れて肉の焼ける香ばしい匂いもたのしんでもらいながら、でき上がりの熱々をフライパンごとテーブルにサーブします。

また、意外とホームパーティに便利なのが小ぶりのショットグラス。おもに、前菜として季節の野菜を使ったスープや食前酒を出すときに使っています。パーティ開始直後の、まだ全員集合していなくて、大皿料理を出しにくい時間帯をつなぐのに重宝します。

生ハム豆腐

生ハムを豆腐で包んだ冷たい前菜。
一口サイズで食べやすく、会話の邪魔を
しないパーティメニューです

材料（2人分）

- 豆腐（木綿）　1丁
- 生ハム　50g
- オリーブオイル　大さじ2
- パルメザンチーズ　大さじ2
- コショウ　少々

❶ 豆腐は600Wの電子レンジで3分加熱して水きりをする。
❷ 豆腐を6等分に切り、適当な大きさに切った生ハムで包んで器に盛りつける。上からオリーブオイルをかけ、パルメザンチーズを削りかけ、コショウをふる。

イチゴローズマリー
スパークリング

ビジュアルのかわいらしさもさることながら
ローズマリーの香りが全体を引き締めて
さわやかにしてくれる、本格的なカクテル

材料（4人分）

- スパークリングワイン　1本
- イチゴ　1パック
- ローズマリー　2枝
- はちみつ　大さじ2

❶ イチゴはヘタを取って四つ割りにして、はちみつでマリネし、洗ってちぎったローズマリーと合わせて冷蔵庫で30分以上寝かせる。
❷ イチゴとローズマリーをグラスに入れて、上からスパークリングワインを注ぐ。
❸ イチゴの季節ではないシーズンには、旬の果物をフードプロセッサーでペースト状にしたものにスパークリングワインを注いでもおいしい。スイカやメロンがおすすめ。

半熟ウニ卵

とろりと黄身が流れ出す卵の断面に、
ウニとワサビをのっける背徳の料理。
失敗しにくく、でき上がりが華やか、
かつ、味もおいしい

材料（2人分）

- 半熟ゆで卵　3個
- 生ウニ　60g
- ワサビ　小さじ1
- しょうゆ　小さじ1

❶ 半熟ゆで卵をつくり（レシピは84ページ）、高さが出るよう横半分に切る。底になる部分に、水平になるよう切れ込みを入れて、平らな器に盛りつける。
❷ 黄身の上に生ウニとワサビをのせて、ウニ部分にしょうゆを数滴たらす。半熟ゆで卵は味つけ卵を使ってもよい。その場合には味がより濃厚で酒肴っぽくなる。

デミソースハンバーグ

市販のハンバーグに、缶詰のソースを
かけて焼くだけ。失敗しようがない
簡単な手順でオーブンに入れてしまえば
作業は完了です

材料（2人分）

- ハンバーグタネ（市販）　6個
- ブラウンマッシュルーム　1パック
- デミグラスソース　1缶

❶ ハンバーグタネを耐熱容器（鉄フライパンでもよい）に並べ、四つ割りにしたブラウンマッシュルームを散らす。180℃のオーブンで15分焼く。
❷ 一度取り出して、上からデミグラスソースをかけて、再び180℃のオーブンで15分焼く。
❸ ハンバーグをマッシュポテト入りチーズハンバーグ（レシピは12ページ）にしてもおいしい。

ホームパーティのタイムスケジュール

ホームパーティは、
ホストもゲストも楽しむのが鉄則。
ある日の流れを見ながら、
段取りよく進めるためのコツを紹介します。

＼cheers!／

12：00

[イチゴローズマリースパークリング]
全員集合したら、まずは乾杯。具材を入れて
おいたグラスにスパークリングワインを
注ぎ入れる瞬間は、絶好の撮影タイム。

[ニンジンスープ]
前菜代わりにおすすめ。
冬は長ネギなど、季節の野菜でつくっても。

[干し柿バター][からすみ大根]
お酒が進む2品。この手の酒肴は少量をちょっとずつでも、十分楽しめます。

[アボカドサラダ]
パーティでは地味な存在になりがちなサラダは、
華やかな大皿にたっぷり盛って、目にも楽しく。

13：00

[ジャンボマッシュルームのアヒージョ]
だんだんと温かいものを。大きなサイズで出して、
テーブルで切り分けると盛り上がります。

[半熟ウニ卵]
酔いも回ってきた頃に、ウニやイクラなど、
背徳性の高い食材を使った料理を投入。
派手な割に失敗もないのでおすすめ。

[マッシュポテト入りデミソースハンバーグ]
この日のメイン料理。オーブンに入れるだけなので、
ホストの手間もなし。焼けるにおいや音もパーティの演出になります。

14：00

[菜の花明太子ご飯][粕汁]
いい頃合いで、〆に。洋風のメニューがメインでも、
最後にご飯と汁物があると喜ばれることが多いです。

[イチゴと黒豆のマスカルポーネ]
甘すぎない気軽なデザートとたっぷりのお茶で、
お開きまでゆっくり会話を楽しみます。

15：00

メニューを決めるポイント

ホームパーティの主役は料理ではなく、ゲストとのコミュニケーションなので、ホストがキッチンにこもりきりにならないことが重要です。事前につくって冷蔵庫に入れておけるもの、温めるだけでいいものを選ぶと進行もスムーズ。ゲストから手みやげの申し出がある場合は、お酒やデザートなど、自分が準備しきれない部分を補充するものをリクエストしています。

お開きの声がけのポイント

ゲストには帰宅時間の制限があるかを確認しておき、早く帰る必要のある人に合わせて料理を出すスピードなどを調整。本人が大丈夫そうでも、家で家族が待っているゲストは、遅い時間まで引き留めない方がいいでしょう。手持ち無沙汰そうにしている人や時間を気にしている人がいれば、ホストから「そろそろお開きにしましょうか?」と声をかけます。

前日までにしておくこと

メニューは1週間ほど前には決めてしまい、鮮度が落ちにくいものから少しずつ買い出しをしておくと慌てません。料理は、前日までに仕込んでもいい部分はすべて仕込みます。奥にしまってある器を使う場合には、前日のうちに取り出しておくこと。割り箸や紙ナプキンなどの買い出しもお忘れなく。ゲストが多い場合は、思いきって取り皿は紙皿にすることも。

当日の動きのポイント

開始前にできる準備はすべて終わらせて、パーティ中は必要最低限の調理と盛りつけだけを行うのがベスト。どうしてもキッチンで作業をする必要があるときは、仲のいいゲストに手伝ってもらい、おしゃべりをしながら作業する手も。キッチンはキッチンで盛り上がっている雰囲気があれば、ゲストに余計な気遣いをさせずにすみます。

保存容器について

わが家では、機能性の高さを基本にしつつ、保存容器を食卓に出したり、お客様の目に触れたりする場面も想定して、食材が映える素材のものを厳選して使い回しています。

いちばん出番が多い保存容器は、密閉できるフタのついたほうろうの保存容器です。ただし電子レンジが使えないため、透明度の高い素材でデザインの洗練されたプラスチックの保存容器も、シリーズでひととおりそろえています。

色やにおいが移りやすいおかずの保存に

ほうろうの保存容器は、表面がガラス素材で覆われているので、におい移りがしにくく、雑菌が繁殖しにくいのがポイント。カレーのように油分が多いおかず、色移りしやすいおかず、においが気になる食材などを保存するのにちょうどいいです。油汚れが簡単に落ちて色移りもしないので、気軽に使うことができます。

魚介や肉を新鮮なまま保存できる

魚介類の保存にも向いています。私は時折、魚市場で丸ごとの魚を買うのですが、下処理をした魚を保存するのにぴったり。同じ理由で、買ってきた肉類もパッケージから取り出して、ほうろうの保存容器に移しかえて保存しています。衛生的かつ、小さいおかずにこまごま使いたいときにも、少量を取り出して残りをすぐにしまえて便利。

買いおきの野菜の量が一目瞭然

週末に野菜をまとめ買いしています。そのまま冷蔵庫の野菜室に入れるのではなく、素材に応じて水洗いしたり、短時間冷水につけてシャキッとさせたりして、ほうろうの保存容器にまとめて入れ、フタをして冷蔵庫で保存。いい状態で保存できるだけでなく、買いおきの野菜がどのくらいあるかが一目瞭然で、いたみやすいものから早めに使いきれます。

ホームパーティの準備をラクにしてくれる

生活感が薄いので、ホームパーティにもほうろうの保存容器が活躍します。たとえば、サラダなどの冷たいおかずは、ほうろうの保存容器に入れてデコレーションまでしておき、フタをしてそのまま冷蔵庫へ。重ねることもできるので、冷蔵庫の中を有効に活用できます。ほかのお皿に移しかえることなく、フタを外した状態で食卓に並べてもOK。

フタをすれば持ち運び可能

よそのホームパーティへ持ち寄るときにも便利。料理やデザートをほうろうの保存容器につめていくと、プラスチックや使い捨ての容器を使うよりも器に盛りつけている風になり、清潔感を出すことができます。フタをすれば密閉できるので、気軽に持ち歩くことも可能。お花見やピクニックにも使えます。

砂糖と塩の保存には小さくて四角いタイプを

密閉保存できて汚れが付着しにくいという性質を利用して、調理に使う塩と砂糖もほうろうに。小さい四角いタイプを選んだ理由は、短期間で中身を使いきって、まめに丸洗いすることで清潔な状態を保つため。それから、小さくて白くて四角いと圧迫感がなく、キッチンの隅に目立たずに置いておけます。

みその容器は取っ手のある大きめタイプ

みそを入れる容器も、ほうろうを愛用しています。みそは保存性が高い食品ですが、その分長く使い続けることも多いので、雑菌が繁殖しにくいほうろうの保存容器に。さらに、清潔なゴムベラで使う分だけを取り出すようにしています。冷蔵庫から出し入れすることが多いので、取っ手のある大きめのタイプを。

プラスチックは食べ忘れを防げる

透明度の高いプラスチックの保存容器は、中になにが入っているか、よく見えるのが特徴。温めて食べるつくりおきおかずだけでなく、少しずつ食べたい果物や、彩りに使うミニトマトなどを入れておくと、使い忘れや食べ忘れを減らすことが可能に。デザインにこだわったものを選ぶと、いつもの食材を入れておくだけでも、ちょっとおしゃれな雰囲気に。

ショウガはプラスチックの保存容器に

ショウガは保存容器に入れて水に漬けておき、水は毎日替える、という方法で保存していますが、ほうろうだと水分で腐食する可能性があるので、もっぱらプラスチックの円柱型の容器で行っています。深さのある円柱型だと、ショウガ1パックとちょうどよい水分がこぼれにくく収まります。

器の収納について

器を収納する際に気をつけているのは、調理中にワンアクションで取り出せること。たとえお気に入りの器でも、取り出しにくいと、使わずじまいになりがちだからです。

器好きとしてはできるだけ多くの種類の器を日常使いしたいので、たとえば4枚セットの器でも普段使う2枚だけを食器棚の手前に、それ以外は奥の方にまとめて収納しています。また、市販の収納用品を活用して、空間を立体的に使うのもポイント。

季節に応じて食器棚を模様替え

食器棚の整理のためには、季節に応じて食器棚を衣替えすると効果的です。気分も変わって器のたのしみが広がり、一石二鳥。大きめのガラスボウルは、涼しげな雰囲気で夏に活躍する一品ですが、秋冬の季節は使用頻度が下がるので奥の方に移動させます。代わりに、冬をモチーフにしたムーミンのマグカップや秋色のティーカップとソーサーを手前に。

食器収納用のラックですっきり

より根本的な対策として、器の収納用品も活用しています。場所をとりがちな大鉢は、中鉢や小鉢と重ねて収納することもできますが、使いたいときに上に重ねた器をどかす手間がかかるうえ、器同士がぶつかって欠けやすくなるリスクも。そこで食器収納用のラックを使うと、すっきり収納が可能に。食器棚をあけるだけで器を取り出せます。

キッチンツールも立体収納

キッチンツールも食器収納用のラックに立体収納しています。バットを大と中小のサイズに分けて上下に収納したことで、取り出すときの手間が半減して使い勝手がよくなりました。おろし器とクッキングスケールは、以前は重ねていましたが、不安定なのが気になっていました。ラックを導入したことで、衛生面と利便性の双方が改善。

大皿や中皿はブックエンド型の収納が便利

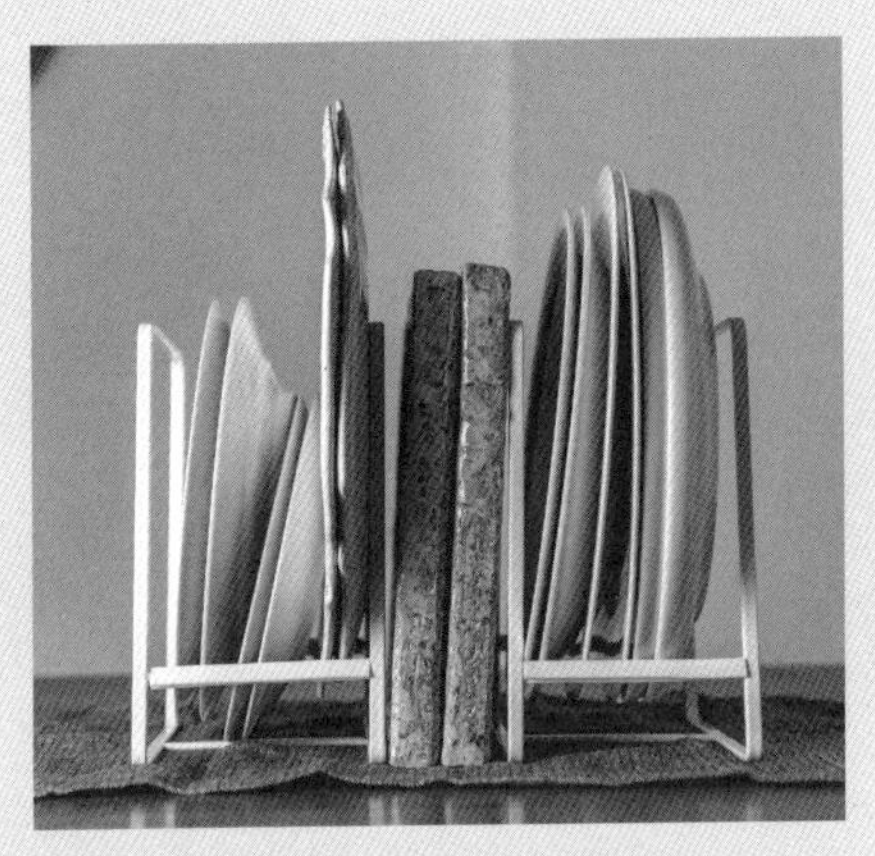

大皿や中皿は、大きさの順に積み重ねてしまうと、つい上の方の器ばかりを使ってしまいがちです。おすすめは、ブックエンドのような形をした平皿用の収納用品を使って立ててしまう方法。パッと見てわかりやすいので、立てたお皿の柄や大きさを眺めて、その日の気分に合わせて選ぶことも簡単です。

小さな器はカゴにまとめて引き出しに

豆皿や小皿は、カゴにふきんを敷きつめた中に、縦になるように小皿を収納して、このままキッチンの引き出しの中に入れています。ほかのものと同じく、縦収納にすることで、ほかの器をどかすことなくワンアクションで取り出せるうえ、一覧性もあるので、もっている器を活用しやすくなります。

カップアンドソーサーはつり下げる

ただでさえ収納場所をとるのに、平面に並べてしまうと奥のものが取り出しにくくなるカップアンドソーサー。この問題を解決してくれたのは、つり下げ型のラック。カップを一列に3つずつつり下げ、あいた下のスペースにソーサーを収納できるセットです。同じスペースで倍量のカップを収納することができるうえに、取り出しやすく。

少しでも台所の作業スペースを確保

趣味のコーヒードリップセット。欲望のままに買い集めてしまったもので、後悔はしていないのですが、なにせ台所が狭いのでもう少しすっきり収納できる方法を探したいところ。今のところは、ほかの器と同じくラックを使って立体的に収納することで、収納場所を約半分にできています。

カトラリーは分類しておく

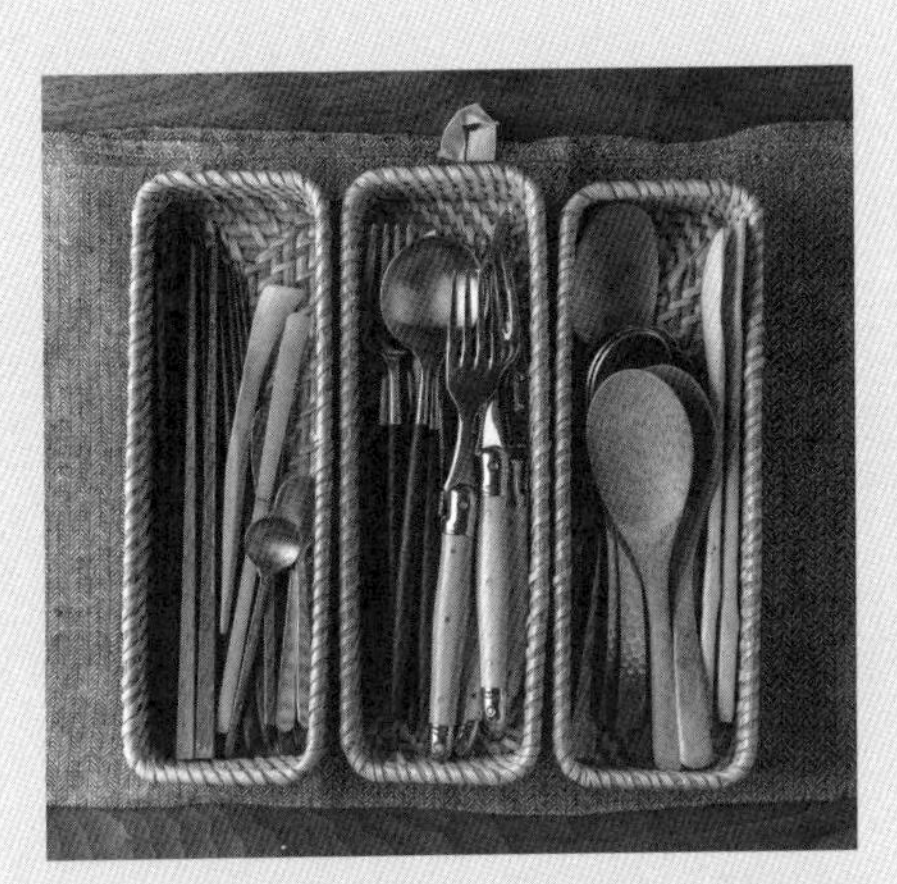

キッチンのいちばん取り出しやすい引き出しにしまっているのは、日常的に使う家族の人数分のカトラリーだけ。使いやすいように分類して、カゴに入れてから引き出しに収納しています。こうするとどこになにが入っているのか一目瞭然なので、調理中でも慌てずに使いたいカトラリーを選ぶことができます。

ちょっとした破損も金継で対処

最後におまけ。日常的に器を使うにあたって、ちょっとした破損は自分で直せるように、趣味で金継をやっています。まだ未熟なので、プロに頼むようにきれいにはできませんが、器が欠けてもそこまでショックを受けずにすむのと、直したあとの器により愛着が湧くのとで、器好きにはおすすめしたい趣味です。

京都やまほん

こちらもネットショップが充実。見ているだけで欲しいものが増えてしまいます。器と道具への深い造詣と愛情を感じるお店。P.117のお椀など

住所：京都市中京区榎木町95-3
延寿堂南館2F（二条通寺町東入）
電話：075-741-8114
木曜定休
http://www.gallery-yamahon.com/

LIVING MOTIF

上質でハイセンス。和洋を問わず、訪れるといつも新しい発見があり、ディスプレーも参考になります。P.28とP.33の器、P.113のガラスポットと台、P.126右の保存容器など

住所：東京都港区六本木5-17-1
AXISビル B1F, 1F, 2F
電話：03-3587-2784
無休（夏期休業・年末年始休業などは除く）
https://www.livingmotif.com/

WISE WISE tools

これから器や道具を集めたい人におすすめ。シンプルだけど質のよいものが幅広くそろっています。P.38左上の器、P.51の箸置き、P.104の小皿など

住所：東京都港区赤坂9-7-4
東京ミッドタウン ガレリア 3F
電話：03-5647-8355
http://wisewise.com/about/shop/tools/
東京ミッドタウンの営業日に準ずる

Spiral Market

偶然ながら品ぞろえの視点が自分と近く、あちこちで買いそろえた器や道具がこの店舗に集まっていて驚きました

住所：東京都港区南青山5-6-23
（スパイラル2F）
電話：03-3498-5792
spiral.co.jp

器の作家さんとお店

この本に掲載した器は、
すべて少しずつ買い集めてきたものです。
大好きな作家さんと、信頼できる
セレクトの器のお店をご紹介。

作　家

浜野まゆみさん

簡素な料理を盛りつけても品よくおいしそうに見せてくれる、美と機能が絶妙に均衡した器のつくり手。P.6の器、P.60左の器、P.80中央の徳利と猪口、P.85左の器、P.98左上の器、P.101右の器など

田辺京子さん

九谷焼をベースに自由で伸びやかな作風が特徴。華やかでありながら、幅広い料理と調和して引き立ててくれます。P.68左、P.70とP.71の器、P.73右上の大鉢、P.77とP.100の器など

谷口嘉さん

ガラスを通して揺らぐ光の美しさとモダンな造形。小さなグラスひとつが食卓の風景を変えてしまうガラス器のつくり手。P.36左のガラス器、P.67のガラス器、P.78手前のグラス、P.108左の器など

お　店

きりゅう

美しい古い器がずらりと並べられた骨董店。東京では福光屋の一部店舗でも購入可。P.18手前の器、P.41下段の小皿、P.58のお膳、P.72の小皿、P.80右から二番目の徳利と猪口、P.99のお盆と手前の小皿など

住所：石川県金沢市三口新町3-1-1
永久ビル1F
電話：076-232-1682
毎月12 ～ 20日/25 ～ 3日（翌月）に営業
https：//www.kiryuh.com/

antiques tamiser

ヨーロッパのアンティークなどを中心に扱い、セレクトのセンスが抜群。洗練された内装も一見の価値があります。P.107下段のグラスなど

住所：東京都渋谷区恵比寿3-22-1
電話：03-6277-2085　月曜・火曜定休
http：//tamiser.com/index.php

宙

若手作家の個展を多く扱うショップ。ネットショップも充実しているので、足を運べなくても好きな器を買えて心強い

住所：東京都目黒区碑文谷5-5-6
電話：03-3791-4334　火曜・水曜定休
http：//tosora.jp/

おわりに

最後までおつき合いいただきまして、ありがとうございます。

本書のベースとなったＥＳＳＥオンラインの連載のきっかけは、趣味で始めたブログに掲載した記事が、担当編集の宮川さんの目に留まったことでした。

ブログ「ぶち猫おかわり」がスタートしたのは、２０１５年5月のこと。大学卒業後、自営業として働き始めた日々は昼も夜もないほど忙しく、仕事以外のことを考える余裕がない状況に危機感を覚えて始めたのがブログでした。

ブログには、日々の料理のレシピ、集めている器の写真、旅行の記録、読んだ漫画の感想、一緒に暮らしているぶち猫2匹の話などをつづっています。

ブログ経由で多くの出会いに恵まれ、漫画家の方と料理対決をしたり、『このマンガがすごい！』の選者を務めたり、ウェブサイト『デイリーポータルZ』の新人賞（佳作）をいただいたり（これがＥＳＳＥオンラインの連載の直接のきっかけになりました）、製麺機なるマニアックな調理器具の同人誌に寄稿したりして、ここ数年は本業の合間に脈絡のない夢を見ているような気分でした。
その集大成がこの本なのですが、なにがどうなってここに辿りついたのか、今でも不思議な気持ちでいっぱいです。

この本に掲載した器はすべて私物で、ほぼすべての調理、スタイリングと写真撮影を担当しました。写真は、Ｃａｎｏｎ ＥＯＳ ６Ｄ ＭａｒｋⅡにて、半分以上はスピードライトとソフトボックスでライティングして撮影しています。

ときどき料理写真の撮り方についてご質問をいただくのですが、経験上、とくに重要なのは光だと思います。料理がいちばんおいしそうに写るのは、薄く晴れた午前中の自然光です。今は携帯電話のカメラも性能がいいので、撮影器具はなんでもいいでしょう。まずは、休日の朝に少し早起きして、窓辺で朝ご飯を撮影するところから始めてみてください。

最後になりましたが、編集を担当してくださった宮川さん、原稿を書いているとお茶をいれてくれる夫、それからブログやＴｗｉｔｔｅｒを通じて新しい世界を共有してくれる友人や読者の皆さまに心から感謝を申し上げます。

２０１９年３月　**ぶち猫**

日々を
たのしむ
器と料理

ぶち猫

猫2匹などと暮らしながら、ブログ「ぶち猫おかわり」にて、料理、お菓子づくり、ホームパーティ、旅行の記録、読んだ漫画の感想などをつづっている。器と調理器具、レシピ本を収集中

ブログ「ぶち猫おかわり」
http://buchineko-okawari.hatenablog.com/
Twitterアカウント @buchineko_okawa

ブックデザイン／アルビレオ
イラスト／金沢詩乃
編集／宮川彩子（扶桑社）

発行日　2019年3月15日　初版第1刷発行

著者　ぶち猫
発行者　久保田榮一
発行所　株式会社 扶桑社
〒105-8070
東京都港区芝浦1-1-1 浜松町ビルディング
電話　03-6368-8873（編集）
03-6368-8891（郵便室）
www.fusosha.co.jp

印刷・製本　大日本印刷株式会社

　ISBN 978-4-594-08178-2